Anonymous

Verzeichnis der im Freien ausdauernden in- und ausländischen Bäume und Sträucher

Anonymous

Verzeichnis der im Freien ausdauernden in- und ausländischen Bäume und Sträucher

ISBN/EAN: 9783744642231

Printed in Europe, USA, Canada, Australia, Japan

Cover: Foto ©Andreas Hilbeck / pixelio.de

More available books at **www.hansebooks.com**

Verzeichniß

der im Freien ausdauernden

in- und ausländischen

Bäume u. Sträucher,

sowie der

Obstsorten und Staudengewächse,

welche

in den Plantagen und Gärten

zu

Althaldensleben

bei

Magdeburg

cultivirt und um beigesetzte Preise verkauft werden.

Für den Herbst 1868 und Frühjahr 1869.

Neuhaldensleben.

Schnellpressendruck von C. A. Ehrard.

European Nursery Catalogues
A virtual collection project by:
Bücherei des Deutschen Gartenbaues e.V.
Paper version of this catalogue hold by:
private
Digital version sponsored by:
private

Vorwort.

Bei Ausgabe unseres neuen Verzeichnisses können wir nur auf di Bemerkungen verweisen, mit denen wir unsere früheren Verzeichniss begleiteten, indem wir zur Erinnerung und für neue Besteller nur di für den Geschäftsgang wichtigsten derselben wiederholen.

1) Für ferne Versendungen ist der Herbst dem Frühjahr vorzuziehen Für Versendungen zu Wasser bitten wir um recht frühzeitige Einsen dung der Bestellungen.

2) Alle Briefe müssen wir frankirt und Namen und Wohnort de geehrten Besteller recht deutlich geschrieben erbitten.

3) Unsere Preise sind in Preuß. Courant, den Thaler zu 30 Sil bergroschen. Gold wird zum Cours angenommen.

4) Die Verpackung (in feuchtes Moos und Stroh) wird besonder: aber billig berechnet. Die Versendung geschieht einzig und allein au Gefahr der Besteller. Wir senden alle Pflanzen gesund und wohl verwahrt ab, können aber für die fernere Behandlung in keiner Weis stehen, und uns daher durchaus keine Abzüge für nicht angegangen: Pflanzen gefallen lassen. — Sollten die Herbst-Sendungen von frühen Froste überrascht werden und die Emballage im gefrorenen Zustand: ankommen, so ist dies noch ohne Nachtheil für die Pflanzen; man lass sie nur unausgepackt in einem Keller oder sonstiger mäßig kalter Orte allmählig aufthauen und schläge die dann ausgepackten Pflan: zen in feuchte Erde bis zum Auspflanzen ein.

5) Bis Magdeburg geschieht der Transport frei. Die Art der weiteren Versendung von da aus bitten wir bei der Bestellung zu be: stimmen. Die Post nimmt zu lange Packete nicht an.

6) Den Geldbetrag bitten wir der Bestellung beizufügen und erwar: ten dies namentlich unbedingt von denjenigen geehrten Bestellern, mit denen wir in neue Verbindung treten. Nicht eingesandte Beträge entnehmen wir bei kleinern Summen, bis auf Höhe von 5 Thaler, durch Postvorschuß, größere Beträge erbitten wir uns nach Empfang der Rechnungen franco zur Post, oder durch Zahlung an Herrn H. Henckel, Hypothekenbank in Berlin, Wilhelmsstraße. Länger, als bis längstens zu Ende Mai, erlaubt uns die Einrichtung unseres Rechnungswesens überhaupt keine Beträge ausstehen zu lassen.

Althaldensleben, im August 1868.

Nathusius Gewerbe-Anstalt.

Erste Abtheilung.

Bäume und Sträucher,

welche

in Parthien bis zu einem halben Schock, aber nicht darunter, um beigesetzte Preise zu haben sind.

' bedeutet Heckensträucher, † bedeutet Alleebäume, B. bedeutet im Winter leichte
Bedeckung, S. bedeutet Schlingpflanzen.

		Vorrath	p. Schock ℳ	Sgr	p. Stck. Sgr	₰
ACER	**Ahorn**					
austriacum ...	Oesterreichischer	—	—	—	3	—
campestre	Feldahorn	—	—	—	2	6
coccineum ...	rother	—	—	—	6	—
colchicum	Colchischer	—	—	—	6	—
₰ rubrum ,,	₰ m. roth. Bl. 4-6F.h.	500	10	—	6	—
†dasycarpum ..	rauhfrüchtiger 9-12 F. h.	2600	18	—	10	—
₰	₰ 4-6 ₰	4000	12	—	—	—
₰ fol. aur. varieg.	₰ bunter	—	—	—	7	6
ibericum	Iberischer	—	—	—	6	—
Lobelii	Lobel's	—	—	—	20	—
macrophyllum .	großblättriger	—	—	—	6	—
monspessulanum	Montpellierscher ...	—	—	—	5	—
†Negundo ...	eschenblättr. 9-11 F. h.	900	16	—	10	—
₰	₰ 5-6 Fuß hoch ..	—	8	—	—	—
₰ californicum	₰ Californischer ..	—	—	—	6	—
₰ crispum ..	₰ krauser	—	—	—	5	—
₰ fol. varieg.	₰ bunter......	—	—	—	15	—
† ₰ violaceum .	₰ violetter 10-12F.h.	—	—	—	10	—
₰	₰ ₰ 2-4 Fuß h.	350	4	—	—	—
†platanoides ..	spitzer 10-12 Fuß hoch	2800	18	—	10	—
₰	₰ 7-8 Fuß hoch..	4700	14	—	—	—
₰	- 1jähriger	15000	—	10	—	—
₰ dissectum	₰ handblättriger..	—	—	—	7	6
₰ laciniatum	₰ zerschlitzter ...	—	—	—	7	6
₰ fol. varieg.	₰ bunter	—	—	—	10	—
Pseudoplatanus.	weißer 8-10 Fuß hoch	1000	14	—	7	6
₰	₰ 6-7 Fuß hoch.	600	8	—	—	—
₰	₰ 1jähriger ...	10000	—	8	—	—

	Vorrath	p. Schock		p. Stck.	
		℔	Sgr	Sgr	₰
ACER　　　　　Ahorn					
Pseudopl. Burettii. weißer, Buretti's ...	—	—	—	20	—
,　fol. purp.. , purpurbl. 3-4 F. h.	200	12	—	7	6
,　, varieg. , buntblättrig.3-4F.	200	12	—	7	6
,　lutescens . , gelbblättriger . .	—	—	—	7	6
,　tricolor . . , dreifarbiger . . .	—	—	—	6	—
rubrum ..... rothblühender	—	—	—	—	—
,　.... , 2 jähriger . .	2000	3	—	2	—
†saccharinum . . Zucker= 11-12 Fuß hoch	600	18	—	10	—
,　, 8-10 , ,	1000	14	—	-	—
striatum (pensylv.) gestreifter	--	—	—	8	—
,　.... , 2 jähriger	800	4	—	—	—
tataricum .... Russischer......	—	—	—	6	—
,　.... , 6-8 Fuß hoch	400	10	—	—	—
,　.... , 2 jähriger . .	1400	—	10	—	—
tauricum..... Taurischer......	—	—	—	6	—
AESCULUS　　Roßkastanie					
carnea (rubic.). fleischfarbige	—	—	—	6	—
†　, , 8-9 Fuß hoch	180	25	—	15	—
,　coccinea. , scharlachrothe	—	—	—	6	—
coriacea..... lederblättrige	—	—	—	6	—
digitata ..... gefingerte.......	—	—	—	6	—
discolor..... dreifarbige	—	—	—	8	—
glabra...... fahle	—	—	—	6	—
†Hippocastanum gemeine 9-12 Fuß hoch	600	18	—	10	—
,　..... , 4-5	3000	6	—	—	—
,　..... , 2 jährige...	2000	—	20	—	—
,　..... , 1 jährige...	16000	—	10	—	—
,　fl albo pl. , gefüllte, weiße	—	—	—	6	—
,　fol. incisis , eingeschlitzte .	—	—	—	10	—
,　, laciniatis , zerschlitzte . .	—	—	—	6	—
,　humilis .. niedrige	—	—	—	5	—
,　, fl. pleno , gefüllte	—	—	—	8	—
Lyonii..... Lyon's........	—	—	—	6	—
macrostachya(spic.) großrispige......	—	—	—	8	—
neglecta..... schlaffe	—	—	—	6	—
Pavia flava ... gelbblühende ...	—	—	—	6	—
,　, ... , 1 jährige ..	1300	—	20	—	—
,　rubra .. rothblühende	—	—	—	6	—
,　, ... , 7-8 F. h.	—	—	—	15	—
praecox..... frühblühende	—	—	—	6	—
pubescens ... weichhaarige	—	—	—	6	—

		Vorrath	P. Schock ℛ	Sgr	p.Stck. Sgr	ℛ
AESCULUS	Roßkastanie					
sanguinea	blutrothe	—	—	—	6	—
spectabilis	prächtige	—	—	—	8	—
Whithleyi	Whitley's	—	—	—	6	—
AILANTUS	Götterbaum					
glandulosa ...	? drüsiger 3-4 Fuß hoch	900	10	—	6	—
=	= 1 jähriger ..	2800	—	10	—	—
= foemina ..	=	—	—	—	8	—
ALNUS	Erle oder Eller					
autumnalis ...	herbstliche	—	—	—	5	—
cordifolia	herzblättrige	—	—	—	6	—
=	= 7-8 Fuß hoch	250	10	—	—	—
crenata	geferbte	—	—	—	5	—
denticulata ...	gezähnte	—	—	—	5	—
glutinosa	gemeine klebrige ...	—	—	—	3	—
= imperialis.	= kaiserliche	—	—	—	15	—
= laciniata ..	= geschlitzt. 5-7 F.h.	270	12	—	8	—
= quercifol..	= eichenblättrige..	—	—	—	8	—
incana......	graugrüne	—	—	—	4	—
= fol. aur. var.	= goldblättrige ..	—	—	—	7	6
ovata	eirundblättrige	—	—	—	6	—
oxyacanthifolia .	weißdornblättr.3-4F.h.	200	12	—	8	—
subcordata ...	umgekehrtherzblättrige	—	—	—	5	—
AMORPHA	Unform (falscher Indigo)					
crispa	krause, 2-3 Fuß hoch.	200	4	—	3	—
=	= 1 jährige	4000	—	6	—	—
crocea-lanata ..	gelbwollige	—	—	—	3	—
emarginata ...	ausgeranbete	—	—	—	3	—
=	= 1 jährige	1500	—	6	—	—
foliacea	blätterreiche	—	—	—	3	—
fruticosa.....	strauchartige 2-3 F. h.	140	3	—	2	—
=	= 1 jährige	2000	—	.5	—	—
glabra......	glattblättrige	—	—	—	3	—
=	= 1 jähr ge	2000	—	6	—	—
herbacea	krautartige	—	—	—	3	—.
Lewisii	Lewissche 4-5 Fuß h.	400	4	—	3	—
=	= 1 jährige	8000	—	5	—	—
macrophylla...	großblättrige 4-5 F. h.	200	4	—	3	—
=	= 2-3 Fuß hoch..	250	2	—	—	—
=	= 1 jährige	3000	—	6	—	—
nana.......	Zwerg= 2-3 Fuß hoch	—	—	—	3	—
pubescens....	weichhaarige	—	—	—	2	—

		Vorrath	p. Schock		p.Stck.	
			ℳ	S ℳ	S ℳ	ℳ
AMYGDALUS	Mandelbaum					
Besseriana ...	Besserscher 2-3 Fuß h.	—	—	—	3	—
communis.fr.dulc.	fruchttrag. gem. süßer	—	—	—	6	—
nana	Zwerg- 1-2 Fuß hoch	100	4	—	3	—
= fl. albo ..	= weißblühender..	—	—	—	10	—
Persica	Pfirsichbaum	—	—	—	15	—
= fl. pleno.	= gefülltblühender.	—	—	—	10	—
pumila fl. pleno	niedriger gefülltblühend.	—	—	—	10	—
= fl. albo pl.	= gefülltblüh.weißer	—	—	—	10	—
AMPELOPSIS(Vitis)	Jungfernwein					
S arborea	baumartiger .... B.	—	—	—	4	—
= bipinnata ...	doppeltgefiederter . B.	—	—	—	5	—
= hirsuta	haariger, großblättriger	800	4	—	3	—
= quinquefolia.	wilder	200	3	—	2	—
APIOS (Glycine)	Erdbirne, Glycine					
S chinensis ...	Chinesische	—	—	—	10	—
= magnifica...	schöne.........	—	—	—	10	—
ARALIA	Aralie					
japonica.....	Japanische.... B.	—	—	—	20	—
ARISTOLOCHIA	Osterluzei, Heberblume					
S Sipho	großblättrige	—	—	—	7	6
= tomentosa ..	filzige.........	—	—	—	7	6
ARTEMISIA	Beifuß					
Abrotanum ...	Stabwurz	—	—	—	3	—
AUCUBA	Goldorange					
japonica.....	Japanische .... B.	—	—	—	5	—
BENTHAMIA	Benthamie					
fragifera.....	erdbeerfrüchtige .. B.	—	—	—	6	—
BERBERIS	Sauerdorn, Berberitze					
Aquifol.(Mahonia)	hülsenbl. 2 Fuß hoch.	—	—	—	5	—
= =	= ½-1 Fuß hoch.	1500	2	—	—	—
= =	= 1 jähriger. ...	200	—	10	—	—
= repens(Mah.)	= kriechend. 1-2F.h.	340	4	—	4	—
= =	= 1 jähriger....	1200	—	10	—	—
arborea	baumartiger	—	—	—	4	—
caroliniana ...	Carolinischer	—	—	—	3	—
chinensis	Chinesischer	—	—	—	3	—
crataegina	weißdornartig.1-2F.h.	900	3	—	3	—
crenulata	gekerbter 1-2 Fuß hoch	200	2	—	3	—
edulis .....:	genießbarer.......	—	—	—	3	—
elegans	schöner...... B.	—	—	—	6	—
emarginata ..	ausgerandeter.....	—	—	—	3	—

		Vorrath	p. Schock		p. Stck.	
			℔	Sℊ	Sℊ	₰
BERBERIS	Sauerdorn, Berberiße					
fascicul.(Mahon.)	büschelförmiger	—	—	—	5	—
Fortunei ⸗	Fortun's ..... B.	—	—	—	5	—
heterophylla ..	wechselblättriger....	—	—	—	4	—
ilicifolia.....	hülsendornblättriger..	—	—	—	4	—
latifolia.....	großblättriger.....	—	—	—	5	—
Lycium.....	lyziumartiger... B.	—	—	—	6	—
*monosperma..	einsamiger 1-2 Fuß h.	250	2	—	3	—
Neuberti....	Neubert's..... B.	—	—	—	6	—
provincialis...	·Provinz⸗.......	—	—	—	3	—
*sanguinolenta.	blutrother 1-2 Fuß hoch	1000	3	—	3	—
⸗	⸗ . 2jähriger..	2000	—	15	—	—
umbellata....	dolbenblüthiger .. B.	—	—	—	6	—
*vulgaris....	gemeiner.......	—	—	—	2	—
⸗	⸗ 1-2 Fuß hoch..	3200	1	—	—	—
⸗ fol.atropurp.	⸗ rothblättriger..	—	—	—	8	—
⸗ ⸗ margin.	⸗ gelbgeränderter .	—	—	—	6	—
⸗ ⸗ varieg..	⸗ buntblättriger..	—	—	—	6	—
⸗ fr. albo ..	⸗ mit weißer Frucht	—	—	—	6	—
⸗ ⸗ luteo ..	⸗ gelbfrüchtiger..	—	—	—	6	—
* ⸗ ⸗ violaceo	⸗ m. violett.Frücht.	—	—	—	2	—
⸗ ⸗ ⸗	⸗ ⸗ ⸗ ?jährig.	3000	—	10	—	—
BETULA	Birke					
alba.......	weiße 6-8 Fuß hoch ..	400	6	—	4	—
⸗	⸗ 1-2 Fuß hoch..	2000	—	15	—	—
⸗ pendula ..	⸗ hängende....	—	—	—	6	—
⸗ ⸗ laciniata	⸗ geschlißtblättrige	—	—	—	10	—
canadensis...	Canadische......	—	—	—	6	—
carpinifolia...	hainbuchenblättrige..	—	—	—	6	—
excelsa (lenta).	hohe Amerikanische..	—	—	—	6	—
fruticosa.....	strauchartige.....	—	—	—	4	—
nana	Zwerg⸗ Brockenbirke .	—	—	—	10	—
papyracea....	Papier⸗........	—	—	—	5	—
⸗	⸗ 1-2 Fuß hoch .	1000	—	20	—	—
⸗ grandis..	⸗ großblättrige ..	—	—	—	6	—
populifolia...	pappelblättrige....	—	—	—	5	—
pubescens (tom.)	behaarte.......	—	—	—	4	—
⸗ undulata .	⸗ wellenförmige..	—	—	—	6	—
⸗ urticaefolia	⸗ nesselblättrige..	—	—	—	6	—
rubra......	⸗ rothe 8-10 Fuß h.	70	10	—	6	—
BIGNONIA	Trompetenblume					
S radicans...	wurzelnde........	400	4	—	3	—

		Vorrath	P. ℔	Sched Sgr	p.Stck. Sgr ℔
BROUSSONETIA	Broussenet's Papier= maulbeerbaum				
papyrifera	Papier=	—	—	—	10 —
BUPLEURUM	Hasenohr				—
fruticosum . . .	strauchartiges	—	—	—	5 —
BUXUS	Buchsbaum				
arborescens . . .	baumartiger 1 Fuß h.	400	8	—	5 —
=	= 2 jähriger	900	1	—	— —
= angustifolia	= schmalbl. 1 F. h.	100	8	—	5 —
= fol alba var.	= weißbuntblättrig.	—	—	—	6 —
caucasica	Kaukasischer	—	—	—	5 —
sempervirens . .	staudenartiger	1000	1	—	1 —
CALYCANTHUS	Kelchblume, Gewürzstr. .				
floridus	schönblühende	—	—	—	10 —
glaucus (acuminat)	spitzblättrige 2-4 F. h.	100	8	—	5 —
inodorus	geruchlose	—	—	—	6 —
laevigatus (nanus)	glatte 2-3 Fuß hoch .	800	6	—	4 —
macrophyllus . .	großblättrige	—	—	—	12 —
abovatus	eirundblättrige	—	—	—	10 —
purpurascens . .	purpurrothe.	—	—	—	6 —
CARAGANA	Erbsenbaum				
Altagana	Sibirischer	—	—	—	4 —
*arborescens . .	baumartiger	—	—	—	3 —
=	= 3 jähriger	1500	—	15	— —
=	= 2 jähriger	500	—	10	— —
= macrophylla	= großblättriger . .	—	—	—	5 —
= nana . . .	= Zwerg=	—	—	—	5 —
pendula . . .	= Trauer 2-3 F. h.	—	—	—	6 —
arenaria	Sand=	—	—	—	5 —
Chamluga	glänzender	—	—	—	6 —
frutescens	strauchartiger	—	—	—	5 —
= acutifolia .	= spitzblättr.2-3F.h.	130	6	—	4 —
= = .	= 3 jährige	300	—	20	— —
= obtusifolia	= stumpfblättriger .	—	—	—	5 —
glomerata	gedrungener.	—	—	—	6 —
gracilis	zierlicher	—	—	—	5 —
grandiflora . . .	großblühender	—	—	—	6 —
mollis	weicher	—	—	—	5 —
pygmaea pendula	hängender Zwerg= . .	—	—	—	5 —
spinosa	dorniger	—	—	—	5 —
=	2 jähriger	300	1	—	— —

		Vorrath	p. Schock		p. Stk.	
			ℳ	Sge	Sge	₰
CARPINUS	Hainbuche					
*Betulus ·..	gemeine........	—	—	—	6	—
⸗	⸗ 2-3 Fuß hoch .	280	2	—	—	—
⸗ incisa...	⸗ geschlitztbl.2-3Fß.	90	10	—	6	—
CARYA	Hickory⸗Nuß					
alba........	weiße 3 jährige....	400	4	—	3	—
amara......	bittre 3 jährige....	700	4	—	3	—
CASTANEA	Ächte Castanie					
americana....	Amerikanische.....	—	—	—	15	—
vesca......	eßbare 1-2 Fuß hoch .	450	6	—	4	—
⸗ asplenifolia	⸗ farrenblättrige .	—	—	—	7	6
CATALPA(Bignonia)	Trompetenbaum					
nana......	Zwerg⸗........	—	—	—	7	6
Bungeana....	Bunge's 1 jähriger ..	140	2	—	2	—
Kämpferii....	Kämpfer's 1 jähriger .	280	2	—	2	—
syringaefolia ..	syringenbl 7-8Fß.h.hochst.	170	14	—	8	—
⸗	⸗ 6-8Fß.h.strauchartig.	400	8	—	5	—
⸗	⸗ 2jähriger....	1000	—	20	—	—
umbraculifera..	dichtbelaubter 1jähriger	—	—	—	2	—
Wallichiana...	Wallich's 1 jähriger .	—	—	—	2	—
CEANOTHUS	Theebaum					
americanus...	New⸗Jersey⸗ 1-2 F. h.	120	3	—	2	—
⸗	⸗ 2jähriger....	500	—	20	—	—
hybridus coeruleus	blaublühender... B.	—	—	—	5	—
intermedius...	mittlerer......	—	—	—	3	—
CELASTRUS	Celaster					
S scandens...	kletternder......	—	—	—	4	—
CELTIS	Zürbelbaum					
australis ·....	gemeiner.......	—	—	—	5	—
occidentalis...	abendländischer 6-7 F.h..	300	10	—	6	—
⸗	⸗ 3-5 Fuß hoch..	400	8	—	5	—
CEPHALANTHUS	Kopfblume					
occidentalis....	Amerikanische ½ F. h.	1100	1	—	—	—
⸗ ...:	⸗ 2jährige	600	—	15	—	—
CERASUS	siehe PRUNUS.					
CERCIS	Judasbaum					
canadensis...	Canabischer 5-6 Fuß h.	300	8	—	5	—
⸗	⸗ 6-8 Fuß h. hochst.	—	—	—	10	—
Siliquastrum ..	Europäischer 1 Fuß h.	—	—	—	6	—
CHIONANTHUS	Schneeblume					
virginica	Virginische 4-5 Fuß h.	110	26	—	15	—
⸗ var. pubesc.	⸗ behaarte	—	—	—	20	—

		Vorrath	p. Schock ℳ	S℈	p.Stck. S℈	ℛ
CISSUS	Klimme					
S elegans	ſchöne. . . . . B.	—	—	—	5	—
CLEMATIS	Walbrebe					
S alpina (Atragena alpina) . .	Alpen=	—	—	—	5	—
⸗ azurea . . . :	azurblaue . . :	—	—	—	6	—
⸗ ⸗ grandiflora	⸗ großblumige . .	—	—	—	8	—
erecta	aufrechte	—	—	—	2	—
⸗ Flammula . .	duftende	100	6	—	5	—
Hendersonii .	Henderſon's	—	—	—	5	—
integrifolia . .	ganzblättrige	500	2	—	2	—
⸗ virginiana . .	Virginiſche	200	4	—	3	—
⸗ Vitalba	gemeine, weiße	400	3	—	2	—
⸗ Viticella . . .	Italieniſche in Nummel, blau und roth	500	4	—	3	—
COLUTEA	Blaſenſtrauch					
arborescens . . .	baumart. gelb. 3-4 F. h.	600	5	—	3	—
⸗	⸗ 1 jähriger . . .	800	—	8	—	—
· ⸗ crispa . . .	⸗ krauſer	—	—	—	6	—
cruenta (orient.)	braunrother 3-4 F. h.	500	5	—	3	—
CORIARIA	Gerberſtrauch					
myrthifolia . . .	myrthenblättriger . B.	—	—	—	5	—
CORNUS	Hartriegel					
*alba	weißer 3-4 Fuß hoch.	900	3	—	2	—
⸗	⸗ 1-2 ⸗ ⸗	300	2	—	—	—
alternifolia . . .	wechſelweisſtehendblätt. 3-4 Fuß hoch . . .	150	6	—	4	—
asperifolia	rauhblättriger	—	—	—	2	—
circinnata	warziger	—	—	—	4	—
fastigiata (panicul.)	Pyramiden= 2 Fuß h.	80	6	—	4	—
*mascula	Kornelkirſche	—	—	—	3	—
⸗ fol. argent. var.	⸗ ſilberblättrige . .	—	—	—	10	—
pumila	niedriger	—	—	—	5	—
sanguinea	blutrother 1-2 Fuß h.	360	4	—	3	—
⸗ fol. varieg.	⸗ bunter 2-4 F. h.	100	8	—	6	—
*sericea	roſtfarbiger 3-4 F. h.	370	4	—	3	—
⸗	⸗ 1-2 Fuß hoch . .	500	2	—	—	—
sibirica	Sibiriſcher	—	—	—	5	—
CORONILLA	Kronenwicke					
Emerus	Skorpions- 2 Fuß hoch	500	4	—	3	—
CORYLUS	Haſelnuß					
americana	Amerikaniſche	—	—	—	5	—

		Vorrath	p. Schock ℘	Sgr	p. Stck. Sgr	Pf
CORYLUS	Haselnuß					
americ. humilis .	Amerikanische, niebrige	—	—	—	6	—
Avellana	gemeine 3-5 Fuß hoch	140	5	—	3	—
= fol. atropurp	= rothblättr.2-3F.h.	140	18	—	10	—
= = laciniata	= geschlitztblättrige	—	—	—	5	—
= fructu max.	= großfrüchtige ..	—	—	—	4	—
= glomerata .	= büschelfrüchtige .	—	—	—	5	—
= heterophylla	= verschiedenblättr.	—	—	—	5	—
= praecox ..	= frühe	—	—	—	5	—
= var quercif.	= eichenblättrige ..	—	—	—	6	—
Colurna	Byzantinische,baumart.	—	—	—	6	—
rostrata	gehörnte 2-3 Fuß hoch	190	6	—	4	—
tubulosa.. .	Lambertnuß 1-2 F. h.	400	6	—	4	—
= var. fr. rubro	= rothfrücht.1-2F.h.	800	6	—	4	—
COTONEASTER (Mesp.)	Quittenmispel					
laxiflora	schlaffblühende	—	—	—	5	—
lucida	glänzende 2-3 Fuß h.	100	6	—	5	—
microphylla ...	kleinblättrige ....'.	—	—	—	4	—
ovata	eiförmige	—	—	—	4	—
vulgaris	gemeine........	—	—	—	4	—
CRATAEGUS vide Mespilus Weißborn						
CUPRESSUS(Toxodium)	Cypresse					
disticha	Birginische, zweizeilige					
	1-2 Fuß h. verpflanzt	500	8	—	5	—
=	= 3 jährige ..	1000	6	—	—	—
sempervirens ..	immergrüne 1 jährige.	300	—	15	1	—
CYDONIA	Quitte					
japon. (Pyrus jap.)	Japan., hochrothe ..	—	—	—	2	—
= fl. albo ..	= weiße......	—	—	—	3	—
chinensis	Chinesische .... B.	—	—	—	5	—
vulgaris lusitanica	gemeine, Portugiesische.					
= = maliformis	= apfelförmige 5-6					
	Fuß hoch, hochst.	40	3	—	3	—
=	= 4-5 F. h. buschig	50	4	—	3	—
* = pyriformis	= birnförmig, 2-3					
	Fuß hoch, buschig	200	4	—	3	—
	= birnförm.1-2Fh.	1200	1	15	—	—
CYTISUS	Bohnenbaum					
capitatus	kopfblumiger 3-4 F. h.	170	4	—	3	—
=	= 1 jähriger	1000	—	6	—	—
elongatus	langblättriger 2-3 F. h.	340	4	—	3	—
=	= 2jähriger	700	—	10	—	—

	Vorrath	p. Sched ℳ Sgr		p. Stck Sℳ ℳ	
CYTISUS — Bohnenbaum					
elongat. versicolor — langblättriger, bunter.	—	—	—	6	—
glomeratus — gedrungener	—	—	—	3	—
= = 1 jähriger	700	—	6	—	
Laburnum — Goldregen 2-3 Fuß h.	360	5	—	3	—
= = 2 jähriger	10000	—	10	—	
= bullatus — = bläsigblättriger .	—	—	—	6	—
= quercifolius — = eichenblättriger .	—	—	—	6	—
= var. purpur. — = rothblühender . .	—	—	—	7	6
nigricans . . . . — schwärzlicher 2-3 F.h.	300	3	—	2	—
= = 2 jähriger	5000	—	10	—	
purpureus . . . . — purpurrother	—	—	—	5	—
= albiflorus . — = reinweißer . . .	—	—	—	10	—
= elongatus — = langblättriger . .	—	—	—	5	—
sessilifolius . . . — Italienischer	—	—	—	6	—
DAPHNE — Seidelbast (Kellerhals)					
Laureola . . . . — lorbeerblättrige . . B.	—	—	—	6	—
Mezereum. . . . — gemeiner	—	—	—	5	—
DEUTZIA — Deutzie					
canescens . . . . — graugrüne 3-4 Fuß h.	130	6	—	4	—
corymbosa . . . — doldenartige	—	—	—	5	—
crenata . . . . . — gekerbtblättrige 2-3 F.h.	180	4	—	4	—
= = 1. Fuß hoch . . .	700	2	—	—	
= fl. pleno . — = gefüllte 1-2 F. h.	350	6	—	4	—
Fortunei . . . . — Fortune's	—	—	—	10	—
gracilis . . . . . — liebliche 1 Fuß hoch .	500	4	—	3	—
scabra . . . . . . — rauhe 3-4 = = . . .	1100	5	—	4	—
= = 1 = = .	1200	2	—	—	
staminea. . . . . — langfädige	—	—	—	4	—
undulata. . . . . — wellenblättrige 3-4 F.h.	110	3	—	2	—
tomentosa. . . . . — filzige	—	—	—	5	—
DIERVILLA — Dierville					
canadensis . . . — Canadische 1-2 Fuß hoch	200	2	—	2	—
DIOSPYRUS — Dattelpflaume					
Lotus . . . . . . — Italienische 2 Fuß h.	300	6	—	5	—
virginiana . . . . — Virginische 3-4 = =	200	6	—	5	—
DIRCA — Lederholz					
palustris. . . . . — Virginisches, einjähriges	—	—	—	4	—
ELAEAGNUS — Oelbaum					
angustifolia . . . — schmalblättriger 3-4 F.h.	80	6	—	5	—
= = 1-2 Fuß hoch . .	200	3	—	—	
arborea . . . . . — baumartiger	—	—	—	5	—

		Vorrath	p. Schock ℳ	Sℓ	p. Stck. Sℓ	ℛ
ELAEAGNUS	Oelbaum					
flava	gelber	—	—	—	5	—
fusca	brauner	—	—	—	5	—
macroph.(argent.)	großer silberbl. 1½-2Fß	600	8	—	5	—
orientalis	Orientalischer	—	—	—	6	—
EVONYMUS	Spindelbaum					
angustifolius	schmalblättr. 2-3 F. h.	200	4	—	3	—
, atropurpureus	, purpurrother	—	—	—	5	—
atropurpureus	dunkelrother	—	—	—	6	—
*europaeus	Europ., rothfr. 2-3Fß.h.	900	3	—	3	—
* ,	, 1-2 Fuß h.	2400	2	—	—	—
, fol. varieg.	, buntblättriger	—	—	—	6	—
, fr. albo	, weißfrüchtiger	—	—	—	6	—
, pendulus	Trauer 5-7 Fuß hoch	—	—	—	15	—
japonicus	Japanischer .... B.	—	—	—	4	—
, fol. alb. mar.	, weißgerändert B.	—	—	—	4	—
latifolius	breitblättriger	—	—	—	5	—
nanus (americ.)	Zwerg	—	—	—	3	—
ovatus	eirundblättriger	—	—	—	5	—
pannonicus	Ungarischer	—	—	—	5	—
verrucosus	warziger	—	—	—	5	—
FAGUS	Buche					
americana	Amerikanische, 3 jährige	500	6	—	4	—
*sylvatica	gemeine, 2 jährige	1000	—	12	-	—
, asplenifolia	, farrenblättrige	—	—	—	8	—
, cochleata	, löffelblättrige	—	—	—	8	—
, purpurea	, Blut-ächtgemacht 1 Fuß hoch	—	—	—	6	—
FICUS	Feige					
Carica	gemeine B.	—	—	—	5	—
FONTANESIA	Fontanesie					
phillyreoides	steinlindenähnliche. B.	—	—	—	5	—
FORSITHIA	Forsithie					
suspensa	aufsteigende B	—	—	—	3	—
viridissima	grüne 1-2 Fuß h. B.	130	3	—	3	—
FRAXINUS	Esche					
acuminata	spitzblättrige 9-12 F. h.	270	10	—	6	—
,	, 2 jährige	350	—	20	—	—
alba	weiße, Amerik. 6-9 F. h.	1000	10	—	6	—
,	, 1 jährige	2000	—	10	—	—
americana nigra	Amerikan., großblättrige	—	—	—	5	—
aucubaefolia	goldorangenblättrige	—	—	—	6	—

	Vorrath	p. Schock		p. Stk.	
		ℳ	Sg	Sg	℟
FRAXINUS Esche					
caroliniana ... Carolinische	—	—	—	5	—
caroliniana rubra' = rothe	—	—	—	5	—
chinensis .... Chinesische	—	—	—	6	—
cineria ..... aschgraue	—	—	—	6	—
excelsior .... gemeine 6-8 Fuß hoch	2000	8	—	6	—
= ..... = 4-5 Fuß hoch .	500	4	—	—	—
= alba varieg. = weißbuntblättrige	—	—	—	6	—
= aurea... = Gold=	—	—	—	5	—
= = pend. = = Trauer=7-8Fh.	—	—	—	10	—
= crispa .. = krause	—	—	—	6	—
= jaspidea . = jaspisartige...	—	—	—	6	—
† = pendula . = häng. ob. Trauer= 7-8 Fuß hoch .	570	16	—	10	—
= verrucosa = warzige	—	—	—	5	—
expansa ..... ausgebreitete ...	—	—	—	5	—
glabra ...... glattblättrige ...	—	—	—	6	—
glauca ...... graugrüne	—	—	—	6	—
heterophylla .. wechselblättrige .	—	—	—	5	—
Himalagensis .. vom Himalagagebirge.	--	—	—	15	—
juglandifolia .. wallnußblättrige ...	—	—	—	5	—
lentiscifolia ... mastirblättrige	—	—	—	5	—
= pendula . = hängende 7-8 F.h.	—	—	—	10	—
nana ...... Zwerg=	—	—	—	5	—
nigra ...... schwarze	—	—	—	5	—
Ornus ...... Manna=	—	—	—	4	—
ovata ...... eirundblättrige ...	—	—	—	5	—
oxycarpa .... spitzfrüchtige. ..	—	—	—	5	—
oxyphylla .... spitzblättrige ...	—	—	—	6	—
parvifolia .... kleinblättrige ...	—	—	—	6	—
polyphyl'a ... vielblättrige. ..	—	—	—	6	—
pubescens ... weichhaarige ...	—	—	—	5	—
quadrangulata . viereckige	—	—	—	10	—
rotundifolia ... rundblättrige ...	—	—	—	6	—
rufa ...... röthliche	—	—	—	6	—
salicifolia .... weidenblättrige ...	—	—	—	10	—
sambucifolia .. hollunderblättrige ...	—	—	—	5	—
tomentosa .... filzige.......	—	—	—	10	—
villosa ...... haarige........	—	—	—	6	—
GENISTA Ginster					
florida ...... blüthenreicher 1-2 F. h.	260	3	—	2	6
germanica .... Deutscher	—	—	—	2	6

		Vorrath	p. Schock		p. Stck.	
			℔	S𝔥	S𝔥	ℳ
GENISTA	Ginster					
sagittalis.....	pfeilblättriger.....	—	—	—	4	—
sibirica	Sibirischer 1-2 Fuß h.	100	3	—	2	—
thyrsiflora....	straußblüthiger	—	—	—	4	—
tinctoria.....	färbender 2-3 Fuß hoch	250	4	—	3	—
virgata	ruthenartiger	—	—	—	3	—
GINCO (Salisburia dianthif.)	Fächerbaum					
biloba......	zweilappiger 3-4 Fuß h.	—	—	—	15	—
=	= 1 jähriger	140	6	—	—	—
GLEDITSCHIA	Gleditschie					
brachicarpos ..	kurzfrüchtige	—	—	—	8	—
horrida	langdornige......	—	—	—	7	6
latifolia	große, glatte	—	—	—	7	6
latisiliqua	breitschootige	—	—	—	7	6
macrocantha ..	großstachliche	—	—	—	8	—
†triacanthos...	dreistachliche 12-14 F. h.	350	18	—	10	—
=	= 7-8 Fuß hoch..	800	12	—	—	—
=	= 2 jährige	2600	2	—	—	—
=	= 1 jährige	800	—	15	—	—
= inermis..	unbewaffnete	—	—	—	10	—
GYMNOCLADUS	Chicot, Schüsserbaum					
canadensis ...	Canadischer 3-4 Fuß h.	140	14	—	8	—
=	= 3 jähriger ..	700	6	—	—	—
HALESIA	Halesie					
diptera vera ..	zweiflügliche, 1 jährige	600	4	—	3	—
macrocarpa ...	großfrüchtige, 1 jährige	200	3	—	2	—
tetraptera	vielflügliche, 1 jährige.	200	3	—	2	—
HAMAMELIS	Zaubernuß					
virginica.....	Birginische 5-7 Fuß h.	130	16	—	10	—
HEDERA	Epheu					
S algeriensis ..	Algerischer	—	—	—	4	—
= arborea	baumartiger	—	—	—	4	—
= elegans	schöner	—	—	—	3	—
= Helix	gemeiner	300	1	—	1	—
= = canariensis	= Canarischer ...	500	2	—	2	—
= = chyrsocarp.	= graufrüchtiger..	400	2	—	2	—
= = digit (lacin.)	= geschlißter	—	—	—	3	—
= = fol. alba var.	= buntblättriger ..	—	—	—	4	—
= = leucocarpa	= weißfrüchtiger ..	400	2	—	2	—
= = taurica ..	= Taurischer ...	—	—	—	1	—
= = hibernica(latif.)	= Irländ.,großblätt.	1000	2	—	2	—
= = fol. aur. var. =	= bunter ..	—	—	—	5	—

		Vorrath	p. Schock ℳ	Sℊ	p. Stck. Sℊ	ℜ
HEDERA	Epheu					
- Roegneriana .	Rögner's	—	—	—	4	—
HELIANTHEMUM	Cystenrose					
vulgare	gemeine	100	—	15	1	—
- coccineum	- hochrothe	—	—	—	3	—
- flava fl. pl.	- gelbgefüllte ...	—	—	—	3	—
- mutabile .	- veränderliche ..	—	—	—	2	—
HIBISCUS	Eibisch					
syriacus	Syrischer 1-2 Fuß hoch	134	8	—	5	—
-	- 2 jähriger	300	1	—	—	—
HIPPOPHAE	Sandborn					
canadensis ...	Canadischer	—	—	—	6	—
*rhamnoides ..	wegebornartiger 3-4 F.h.	400	6	—	4	—
HYDRANGEA	Hydrange (Hortensie)					
arborescens ...	baumartige	—	—	—	3	—
- aur. varieg.	- bunte	—	—	—	5	—
cordata	herzblättrige 3-4 F. h.	100	4	—	3	—
hortensis	schönblühende ... B.	—	—	—	4	—
japonica.....	Japanische..... B.	—	—	—	4	—
- fol. varieg	- bunte .... B.	—	—	—	4	—
quercifolia ...	eichenblättrige ... B.	—	—	—	10	—
radiata (nivea) .	weißblättrige	—	—	—	3	—
HIPERICUM	Hartheu(Johanniskraut)					
Androsaemum .	beerentragendes 1-2F.h.	66	2	—	2	—
calycinum ...	großblühendes 1-2 F. h.	200	3	—	2	—
IBERIS	Bauernsenf					
sempervirens ..	immergrüner ½ Fuß h.	100	3	—	2	—
ILEX	Hülse, Stechpalme					
Aquifolium ...	gemeine 1-1½ Fuß h.	300	6	—	5	—
- alba marg.	- weißgeränderte .	—	—	—	10	—
- aurea marg.	- goldgeränderte .	—	—	—	10	—
- ferox(echin)	- igelblättrige ...	—	—	—	10	—
myrthifolia ...	myrtenblättrige ...	—	—	—	10	—
Perado	Perado's	—	—	—	10	—
serrata angustifol.	gesägte, schmalblättrige	—	—	—	10	—
INDIGOFERA	Indigo					
Dosua......	prächtiger ..... B.	—	—	—	6	—
JUGLANS	Wallnuß					
†cinerea (cathart.)	aschgraue8-10 Fuß hoch	2000	14	—	8	—
-	- 5-6 -	1100	6	—	—	—
nigra	schwarze 6-8 - -	350	8	—	6	—
regia crispa ...	gemeine, krause	—	—	—	15	—

		Vorrath	p. Schock -fl	Sℋ	p. Stck. Sℋ	₰
JUGLANS	Wallnuß					
regia laciniata	gemeine, geschlitzblättr.	—	—	—	25	—
= monophylla	= einblättrige ...	—	—	—	30	—
= pendula..	= Trauer=3-4 F. h.	—	—	—	30	—
JUNIPERUS	Wachholder					
communis....	gemeine	—	—	—	3	—
=	= 2jährige	1000	—	20	—	—
hispanica(pyram.)	Spanische, 2jährige .	—	—	—	2	—
Oxycedrus ...	Ceder=	—	—	—	4	—
phoenicea....	Phönicische	—	—	—	4	—
Sabina	Sadebaum ½-1 Fuß h.	800	8	—	5	—
=	= 3jähriger	600	3	—	—	—
= excelsa ..	= hoher	—	—	—	5	—
- tamariscifol.	= tamariskenblättr.	—	—	—	5	—
=˜ variegata .	= buntblättriger..	—	—	—	5	—
*virginiana ...	Virginische (rotheCeder)	—	—	—	7	6
=	= 4-5Fh.2malverpfl.	400	14	—	—	—
=	= mitTopfballen2-3 Fuß hoch....	—	—	—	8	—
=	= 2jährige	2800	1	—	—	—
KERRIA	Kerrie					
japonica.....	Japanische, einfachblüh. 1-2 Fuß hoch .	70	4	—	3	—
= fl. pleno .	= gefülltblüh.2-3 Fh.	80	4	—	3	—
= fol. varieg.	= buntblättrige ..	—	—	—	6	—
KOELREUTERIA	Kölreuterie					
paniculata....	rispenblüthige.....	—	—	—	6	—
LAURUS	Lorbeer					
Benzoin	Benzoin=	—	—	—	15	—
nobilis......	edler .... B.	—	—	—	5	—
Sassafras	Sassafras=	—	—	—	15	—
LAVENDULA	Lavendel					
Spica	gemeiner	—	—	—	1	—
LEYCESTERIA	Leyzesterie					
formosa.....	schöne .... B.	—	—	—	4	—
LIGUSTRUM	Liguster, Rainweide					
lucidum....:	glänzender..... B.	—	—	—	6	—
*vulgare.....	gemeiner 4-5 Fuß hoch	1000	2	—	3	—
=	= 2-3 F.-h. buschig	1200	3	—	3	—
* = ...	= 1-2 Fuß hoch .	2500	—	20	—	—
= fol. varieg.	= buntblättriger..	—	—	—	5	—
* = fr. luteo .	= gelbfrücht.3-4F.h.	1000	2	—	2	—

		Vorrath	P. ♄	d/p.Std.
LIGUSTRUM	Liguster			
vulgara fr. luteo	gemeiner, gelbfrücht. 1-2 Fuß hoch, buschig	200	3	2 —
= = =	= gelbfr. 2jähriger	2500	—	— —
* = itali. (semp.)	= immergr. 2Fuß h.	300	4	3 —
LIQUIDAMBAR	Amberbaum			
imberbe.....	bartloser	—	—	10 —
Styraciflua ...	Storar= 1-1½ Fuß h.	500	4	— 3 —
= ,....	= 2jähriger	600	2	— — —
LIRIODENDRON	Tulpenbaum			
Tulipifera....	Virginischer	—	—	— 15 —
= integrifol..	= ganzblättriger..	—	—	— 25 --
LONICERA	Heckenkirsche			—
alpigena.....	Alpen= 1-2 Fuß hoch.	300	5	— 4
angustata	schmalblättrige 3-4 F.h.	200	4	— 3 —
' = ...	=. 1-2 Fuß hoch..	400	2	— — —
canadensis ...	Canadische 2-3 Fuß h.	400	3	— 2 —
*caucasica ...	Kaufasische 4-5 Fuß h.	350	5	— 3 —
=	= 1-3 = =	800	2	— — —
ciliata......	gefranzte	—	—	— 3 —
coerulea.....	blaue 1-2 Fuß hoch .	200	3	— 3 —
= praecox .	= frühblühende ..	—	—	— 3 —
fragrantissima..	wohlriechende.....	—	—	— 4 —
Kamschatka...	aus Kamschatka 2-3 F.h.	200	3	— 3 —
Ledebourii ...	Ledebur's 3-4 Fuß hoch	260	5	— 4 —
=	= 1-2 Fuß hoch	300	2	— — —
nigra......	schwarze.......	—	—	5 —
orientalis	Morgenländische ...	—	—	— 3 —
Pallasii.....	Pallas= 3-4 Fuß hoch	--	—	5 —
pyrenaica....	Pyrenäische 3-4 Fuß h.	390	4	— 3 —
sibirica.....	Sibirische.......	—	—	— 3 —
*tatarica.....	Tatarische 4-5 Fuß h.	2000	4	— 3 —
= fl. albo..	= weißbl. 4-5 F. h.	300	4	— 3 —
= = rubro .	= rothblüh. 3-4F.h.	140	4	— 3 —
= = =	= = 2-3 Fuß h.	225	4	— — —
= quadrifida	=. vierspaltige3-4Fh.	600	4	— 3 —
=	= = 1-2 Fuß h.	400	2	— — —
*Xylosteum...	gemeine 3-4 Fuß hoch	1000	4	— 3 —
=	= 1-2 = =	1200	1	— — —
LONICERA	Geisblatt			
S Caprifolium .	wohlriechendes	400	3	-- 2 —

	Vorrath	p. Schock ℳ Sℋ	p. Stck. Sℋ ℛ
LONICERA Geisblatt			
S brachypoda fol.			
aur. reticulata gelbgelbes, buntes. B.	—	— —	3 —
⸗ dioicum ... graues	—	— —	3 —
⸗ Douglasii ... Dougla's	—	— —	3 —
⸗ etruscum ... Hetrurisches	—	— —	2 —
· implexum... gebrchtes ..... B.	—	— —	4 —
⸗ italicum..... Italienisches	—	— —	2 —
⸗ Peryclimenum Deutsches	—	— —	2 —
LYCIUM Bocksborn			
S⸗barbarum .. stachlicher	—	— —	1 —
⸗*europaeum .. Europäischer 1-2 Fuß h.	300	1 —	1 —
MACLURA Dsagenorange			
aurantiaca.... pommeranzenfarbige .	—	— —	4 —
MAGNOLIA Magnolie(Bieberbaum)			
acuminata.... spitzblättrige 3-4 F. h.	250	20 —	15 —
purpurea .... purpurrothe ½-1 F. h.	100	20 —	15 —
MENISPERMUM Mondsame			
S canadense ... Canadischer	—	— —	4 —
MESPILUS (Crataegus) Mispel, Weißborn			
Aronia ..... aronienblättrige ...	—	— —	4 —
Azarolus .... Azarolbirne.......	—	— —	5 —
badiata ..... kastanienbraune....	—	— —	5 —
betulaefolia ... birkenblättrige	—	— —	5 —
caroliniana ... Carolinische......	—	— —	4 —
Celsiana..... Celsius⸗........	—	— —	5 —
coccinea .... scharlachfrücht. 4-5 F. h.	300	5 —	4 —
⸗ .... ⸗ 2-3 Fuß hoch..	500	3 —	— —
⸗ .... ⸗ 1 jährige	500	— 15	— —
. ⸗ criocarpa . ⸗ wollfrüchtige ..	—	— —	6 —
Crus-Galli ... glänzende........	—	— —	4 —
⸗ ⸗ lucida . ⸗ leuchtende 3-4 F.h.	70	6 —	5 —
⸗ ⸗ pyracanthifol.⸗ feuerbornblättrige	—	— —	5 —
⸗ ⸗ salicifolia ⸗ weidenblättrige .	—	— —	5 —
⸗ ⸗ splendens ⸗ strahlende....	—	— —	5 —
cuneifolia .... keilblättrige	—	— —	5 —
Douglasii .... Dougla'sische	—	— —	5 —
flavescens .... gelbe	—	— —	5 —
germ. (diffusa) . große, eßbare 2-4 F. h.	280	8 —	5 -
⸗ fol. varieg.. ⸗ ⸗ buntblättr.	—	— —	5 —
⸗ fr. sine nucleo ⸗ m.FruchtohneStein	—	— —	5 —

		Vorrath	p. Schock ℔ S₰		p. Stück S₰ ₰	
MESPILUS	Mispel, Weißborn					
glabra	glatte . . . . B.	—	—		5	—
glandulosa . . .	drüsige	—	—		4	—
glomerata	knaulförmige	—	—		4	—
grandiflora . . .	großblumige	—	—		5	—
grossulariaefolia	stachelbeerblättrige . . .	—	—		5	—
ingestria	gefranzte	—	—		5	—
Kielmannii . . .	Kielmann's	—	—		5	—
latifolia	breitblättrige	—	—		5	—
Lambertiana . .	Lambert's . . . . . B.	—	—		5	—
lobata	gelappte	—	—		4	—
macrocantha . .	großstachliche	—	—		5	—
mollis	weichblättrige	—	—		5	—
monogyna . . .	einsamige	—	—		3	—
= pleniflora .	= weißgefülltbl.3-4F.	170	6		5	—
= .	= 7-8F.h.hochstämmig	—	—		10	—
= rubriflora .	rothblühende 3-4 F. h.	70	6		5	—
nigra	schwarzfrüchtige	—	—		5	—
odorata	wohlriechende	—	—		5	—
Oliveriana . . .	Olivier'sche	—	—		5	—
orientalis	Orientalische	—	—		5	—
*oxyacantha . . .	Weißborn, gem.6-8F.h.	500	6		4	—
* = ...	= 1 jährige	32000	—	8	—	—
= fl. rubro pl.	= rothgefülltbl.3-4F.	600	8		5	—
= = = =	= 7-8F.h.hochstämm.	800	18		10	—
= fol. varieg.	buntblättrige	—	—		5	—
= = luteis .	gelbblättrige	—	—		5	—
= fr. luteo . .	mit gelber Frucht . . .	—	—		5	—
Gumpperii bic. fl. pl.	zweifarbige gefüll. 2-4 F.	90	8		5	—
= pendula . .	Trauer=,7-8 F.h. hochst.	110	14		8	—
= = fol. varieg.	= buntbl.hochstämmig	—	—		10	—
= quercifol. .	eichen blättrige	—	—		4	—
= splendens	glänzend schöne	—	—		5	—
pectinata	kammartige	—	—		5	—
pentagynea . . .	fünfweibige	—	—		5	—
pruinosa	bereifte	—	—		5	—
punctata malifor.	apfelfrüchtige, punktirte	—	—		5	—
= pyriform. .	birnförmige =	—	—		5	—
purpurea	purpurrothe	—	—		6	—
Pyracantha . . .	Feuerborn	—	—		5	—
pyrifolia	birnblättrige	—	—		4	—
radiata	strahlende	—	—		5	—

		Vorrath	p. Schock		p.Stk.	
			℔	Sₕ	Sₕ	₰
MESPILUS	Mispel, Weißdorn					
sanguinea	blutrothe	—	—	—	5	—
Sesteriana fl. pl.	Seſter's gefüllte ...	—	—	—	6	—
Smithii	Smith's	—	—	—	6	—
succulenta ...	ſaftige	—	—	—	5	—
turbinata	gehäufte	—	—	—	4	—
xanthocarpa ..	gelbfrüchtige	—	—	—	4	—
MORUS	Maulbeere					
alba	weiße 6-8 Fuß hoch .	—	—	—	6	—
* , ...	= 5-6F.h. ſtrauchart.	100	4	—	3	—
* , ...	= 2jährige	5000	—	10	—	—
= Cedrona .	= neue3-5F.h.buſchig	600	4	—	3	—
OSTRYA	Hopfenbuche					
virginica	Virginiſche 2jährige .	400	4	—	3	—
vulgaris	gemeine,Amerif.2jährige	—	—	—	3	—
PAEONIA	Päonie					
arborea	baumartige .... B.	—	—	—	10	—
PAULOWNIA	Paulownia					
imperialis	kaiſerliche 2-3 Fuß h.	470	6	—	5	—
=	= 1jährige ..	1000	—	20	—	—
PERIPLOCA	Schlinge					
S graeca	Griechiſche 3-5 Fuß h.	100	4	—	3	—
PHILADELPHUS	Pfeifenſtrauch,(wilder Jasmin)					
cochleatus ...	löffelblättriger	—	—	—	4	—
Colombianus ..	Columbiſcher	—	—	—	5	—
*coronarius ...	wohlriechender 1-2 F. h.	800	3	—	2	—
* = fl. pleno .	= gefüllter 1-2 =	470	4	—	3	—
= fol. varieg.	= buntblättriger ..	—	—	—	6	—
= fol. aur. var.	= gelbbuntblättriger	—	—	—	5	—
= nanus ...	= Zwerg=	—	—	—	3	—
floribundus ...	vielblumiger 3Fuß.hoch	300	5	—	4	—
=	= 1-2 Fuß hoch .	400	2	—	—	—
Gordonianus ..	Gordon's5-6Fuß hoch	1000	5	—	3	—
=	= 1-2 = =	700	2	—	—	—
gracilis	ſchlanker 3-4 Fuß hoch	300	3	—	2	—
grandiflorus ..	großblühender 3-4F. h.	500	6	—	4	—
=	= 1-2 Fuß hoch..	1600	1	15	—	—
= speciosissimus	= neuer	—	—	—	6	—
hirsutus	haariger	—	—	—	4	—
intermedius ...	mittlerer 3-4 Fuß hoch	70	5	—	4	—
latifolius	breitblättriger 4-6 F. h.	460	5	—	4	—

		Vorrath	p. St. ₰	Sgr	p. Stck. Sgr	Rt
PHILADELPHUS	**Pfeifenstrauch**					
latifolius	breitblättriger 2-3 F. h.	200	3	—	—	—
Ledebourii ...	Ledebour's 5-6 Fuß hoch	300	5	—	4	—
=	= 1-2 = =	500	2	—	—	—
mexicanus ...	Mericanischer	—	—	—	3	—
pubescens ...	weichhaariger 2-3 F.h.	200	3	—	4	—
salicifolius ...	weidenblättriger....	—	—	—	4	—
sanguineus ...	blutrother.......	—	—	—	3	—
speciosus	schöner........	—	—	—	4	—
Zeiherii.....	Zeiher's. 2-3 Fuß hoch	120	4	—	3	—
PINUS (Abies)	**Tanne oder Fichte**					
*Abies	rothe,gem2-3F.2m.verpfl.	5800	5	—	4	—
=	= =1-1½=2m. =	1900	3	—	—	—
=	= 1jährige	2800	—	8	—	—
alba (americana)	weiße, Amerikanische .	—	—	—	—	—
=	= 3-4 F.h. 2m. verpfl.	2800	6	—	5	—
=	= 1-1½ Fuß hoch.	700	4	—	—	—
=	= 3 jährige verpflanzt	1700	1	—	—	—
Balsamea	Balsam=, Silber=, 3jähr.	1500	1	—	1	—
canadensis ...	Schierlings= ½ Fuß h.	—	—	—	5	—
Clambrasiliana .	Clambrasil......	—	—	—	6	—
Khutrow	vom Himalaya	—	—	—	15	—
Fraserii.....	Fraser's 3 jährige...	2000	1	—	1	—
nigra (americ.) .	schwarze......	—	—	—	5	—
=	= 3 jährige	800	1	—	—	—
Nordmanniaua .	Nordmann's 3 jährige	800	4	—	3	—
Picea	Edel= ¼F. h. verpflanzt	500	3	—	2	—
=	= 2 jährige	8000	—	10	—	—
Pinsapo.....	Spanische= 1 Fuß hoch	—	—	—	15	—
PINUS (sensu strictiore)	**Kiefer**					
maritima	Meerstrands=	—	—	—	5	—
Pinaster.....	Kluster= 3jährige verpfl.	3000	—	20	—	—
=	= 3jährige...	1000	—	15	—	—
Pumilio	Mugho oder Berg=..	—	—	—	3	—
=	= 3jährigeverpflanzt	3000	—	15	—	—
Strobus	Weihmouth's4-6F.verpfl.	3100	6	—	4	—
sylvestris	gemeine........	—	—	—	2	—
PINUS (Larix)	**Lärche**					
Larix......	gemeine4-5F.h.verpfl.	1200	4	—	3	—
=	= 1-1½F.h. verpfl.	5000	1	—	—	—
= ...,	= 3jährige	1000	—	15	—	—
= microcarpa	= kleinfrüchtige ..	—	—	—	5	—

		Vorrath	p. Schod. ß Sgr	p.Stck. Sgr Pf
PLANERA	Planere			
japonica	Japanische	—	— —	6 —
- ulmifolia.....	rüsterblättrige	—	— —	5 —
PLATANUS	Platane			
acerifolia	ahornblättrige	—	— —	6 —
cuneata (quercif.)	feilblättrige	—	— —	4 —
occidentalis ...	abendländische 6-8 F. h.	300	20 —	15 —
s	s buschig 4-5 F. h.	200	8 —	6 —
s	s 2-3 Fuß hoch .	10000	2 —	— —
POPULUS	Pappel			
alba (nivea) ..	Silber=, ächte 7-9 F. h.	350	10 —	6 —
angulata.....	Carolinische...._...	—	— —	5 —
balsamifera ...	Balsam=	—	— —	5 —
= acuminata	s spitzblättrige ..	—	— —	5 —
betulaefolia ...	birkenblättrige	—	— —	5 —
canescens....	weißgrau 8-9 Fuß h.	115	6 —	5 —
cordata	große, herzbl. 4-5 F. h.	200	6 .—	5 —
†dilatata	Lombardische oder italien. 14-18 Fuß hoch ..	1400	10 —	6 —
graeca......	Griechische	—	— —	3 —
laurifolia	lorbeerblättrige	—	— —	6 —
Lindleyana ...	Lindley's	—	— —	5 —
macrophylla ..	großblättrige	—	— —	5 —
†marylandica ..	Maryländische	—	— —	6 —
†monilifera ...	Canad., schwarze ...	—	—_—	— —
†	s s 12-14 F. h.	1200	10 —	6 —
. ....	s s 5-6 s	1200	2 —	— —
nigra	schwarze	—	— —	3 —
ontariensis ...	Ontarische	—	— —	6 —
pannonica ...	Pannonische	—	— —	5 —
tremula	Zitter=	—	— —	2 —
s pendula vera	Trauer= 7-8 Fuß hoch	230	20 —	15 —
POTENTILLA	Fünffingerkraut			
*fruticosa....	strauchartiges 1-2 F. h.	1700	3 —	2 —
s floribunda	s vielblumiges ..	—	— —	4 —
PRUNUS	Kirsche			
Avium	süße	—	— .—	2 —
s fl. pleno ..	s gefülltblühende ..	—	— —	6 —
s latifolia ..	s breitblättrige	—	— —	4 —
s pendula ..	s Trauer= 7-8 F. h.	—	— —	15 —
s var. asplenif.	s farrenblättrige ..	—	— —	5 —
Cerasus	saure, hochstämmige ..	—	—	6 —

		Vorrath	p. Schock		p.Std.	
			ℳ	Sℳ	Sℳ	ℛ
PRUNUS	Kirsche					
Cerasus biflora .	saure, zweimalblühende	—	—	—	4	—
= fl. pleno .	= gefülltblühende .	—	—	—	5	—
= = =	= = 2-3 Fuß h.	300	8	—	—	—
= = =	= = 7-8F. höchst.	—	—	—	10	—
= humilis . .	= Ofth=Weichsel . .	—	—	—	3	—
= Marasca. .	= Maraskino= . . .	—	—	—	4	—
= polygina .	= Bouquett= . . .	—	—	—	4	—
= pumila . .	= niedrige	—	—	—	5	—
, Rexii fl. pl.	= gefüllte Königs=	—	—	—	6	—
= semp. pend.	= immerbl. hängend.	—	—	—	5	—
= sibirica . .	= Sibirische	—	—	—	5	—
floribunda . . .	blüthenreiche 1-2 F. h.	300	2	—	2	—
=	= 1 jährige . .	100	—	10	—	—
Laurocerasus . .	Kirschlorbeer . . . B.	—	—	—	4	—
= angustifolia	= schmalblättrige B.	—	—	—	5	—
*Mahaleb	Felsen=Weichsel 4-5F.h.	1000	6	—	4	—
* = ...	=. = 1-1½F.h.	2000	1	—	—	—
, ...	= = 1 jährige .	2000	—	15	—	—
= fr. flavo .	= mit gelber Frucht	—	—	—	4	—
Padus	Trauben=	—	—	—	3	—
=	= 1 Fuß hoch . . .	2600	1	—	—	—
=	= 2 jährige	3000	—	10	—	—
, ...	= 1 jährige	1200	—	6	—	—
= aucubaefol.	= goldorangenblättr.	—	—	—	6	—
= rubra . . .	= rothe 4-5 Fuß h.	150	6	—	4	—
= = . . .	= 1 jährige	2500	—	6	—	—
pensylvanica . .	Pensylvanische.	—	—	—	5	—
serotina	spätblühende 2 jährige.	800	1	10	1	—
PRUNUS	Pflaume					
americana	Amerikanische	—	—	—	4	—
Brigantiaca . . .	Brianfonische	—	—	—	4	—
borealis	nordische	—	—	—	4	—
candicans	weißliche	—	—	—	4	—
cerasifera	Kirschen=	—	—	—	5	—
divaricata	sperrige	—	—	—	5	—
domestica	gemeine, hochstämmige	—	—	—	7	6
=	= 1 jährige	3000	—	10	—	—
= fl. pleno .	=. gefülltblühende .	—	—	—	6	—
= fol. varieg.	= buntblättrige . .	—	—	—	5	—
*spinosa . . .	Schlehen=	—	—	—	2	—
, fl. pleno .	= gefülltblühende .	—	—	—	6	—

		Vorrath	p. Schock ℳ Sℛ	p. Stck. Sℛ ₰
PRUNUS	**Pflaume**			
spinosa fr. dulce	Schlehen=, süßfrüchtige	—	— —	5 —
triloba fl. pl. . .	dreilappige, rothgefüllt.	—	— —	10 —
PTELEA	**Leberblume**			
trifoliata	dreiblättrige 5-6 Fuß h.	800	4 —	3 —
⸗	⸗ 1-2 Fuß hoch	360	— 20	— —
⸗ fol. varieg.	- bunte	—	— —	4 —
PTEROCARYA	**Flügelnuß**			
caucasica	Kaufaſiſche 2-4Fuß hoch	270	8 —	6 —
PYRUS	**Apfel**			
Malus	gemeiner	—	— —	1 —
⸗ angustifolia	⸗ schmalblättrig. B.	—	— —	5 —
⸗ astrachanica	⸗ Aſtrachaniſcher .	—	— —	5 —
⸗ baccata . .	⸗ beerentragender .	—	— —	5 —
⸗ coronaria .	⸗ wohlriechender . .	—	— —	5 —
⸗ dioica . . .	⸗ grünblühender .	—	— —	5 —
⸗ maculata .	⸗ geflecter	—	— —	5 —
⸗ aucubaefol.	⸗ goldorangenblättr.	—	— —	5 —
⸗ chinensis .	⸗ aus China . . .	—	— —	5 —
⸗ floribunda	⸗ blüthenreicher . .	—	— —	5 —
⸗ fr. nigro .	⸗ schwarzfrüchtiger	—	— —	5 —
⸗ ⸗ striato .	⸗ schönſtreifiger . .	—	— —	5 —
⸗ transparente	⸗ durchſichtiger . .	—	— —	4 —
⸗ paradisiaca	⸗ Joh.=od.Paradies=			
	1 Fuß hoch . .	3000	1 —	2 —
⸗ praecox . .	⸗ frühblühender . .	—	— —	5 —
prunifolia	pflaumenblättriger . .	—	— —	2 —
⸗ fr. cerasif.	⸗ kirſchenfrüchtiger	—	— —	5 —
⸗ ⸗ coccineo	⸗ scharlachrother .	—	— —	5 —
⸗ ⸗ dulce major	⸗ großer, süßer . .	—	— —	5 —
⸗ ⸗ luteo . . .	⸗ gelber, wachsartig.	—	— —	5 —
Ringo	Ringo=	—	— —	5 —
spectabilis	prächt., gefüllt 4-5 F. h.	500	8 —	6 —
⸗ fl. albo . .	⸗ weißgefüllt. 2-4 F.	90	8 —	6 —
⸗ Kaido . . .	⸗ gefüllter Kaido= .	—	— —	6 —
tatarica	Tatariſcher	—	— —	5 —
Toringo	Toringo= Japaniſcher .	—	— —	5 —
upsaliensis . . .	Upſaliſcher	—	— —	5 —
PYRUS	**Azarole, Felſenbirne**			
alpina	Alpen=	—	— —	5 —
Botryapium . . .	Trauben= 1-2 Fuß h.	600	2 —	3 —
florida	Floribaniſcher	—	— —	5 —

		Vorrath	p. Schock		p. Stck.	
			♚	Sℳ	S℞	ℛ
PYRUS	Azarole, Felsenbirne					
microphylla	kleinblättrige	—	—	—	5	—
ovalis	eirundblättrige	—	—	—	3	—
=	= 3-4 Fuß hoch	400	4	—	—	—
=	= 1jährige	800	—	8	—	—
= sanguinea	= blutroth. Früchte	—	—	—	6	—
melanocarpa	schwarzfrüchtige	—	—	—	3	—
Pollveria	Hagebutten-	—	—	—	4	—
PYRUS	Birne					
communis	gemeine	—	—	—	1	—
= Achras	= Achras-	—	—	—	5	--
= fol. varieg.	= buntblättrige	-	—	—	6	—
= striata	= gestreifte	—	—	—	5	—
oleaefolia	ölbaumblättrige	—	—	—	5	—
Hostii	Hostische	—	—	—	5	—
Michauxii	Mischaurische	—	—	—	5	--
odorata	wohlriechende	—	—	—	6	—
olivaeformis	olivenfrüchtige	—	—	—	5	--
salicifolia	weidenblättrige	—	—	—	5	—
sinaica	Sinaische	—	—	—	5	—
QUERCUS	Eiche					
Banisterii	stechpalmblättr. 1 F. h.	—	—	—	5	—
Brutia	Brutia-	—	—	—	10	—
Castanea	Kastanien-	—	—	—	10	—
Cerris	Türk., 1-2 F. h. verpfl.	700	5	—	4	—
coccinea	Scharlach-	—	—	—	5	—
conferta	dichtgedrängte	—	—	—	10	—
imbricaria(laurifol)	schuppenfrüchtige	—	—	—	10	—
palustris	Sumpf-	—	—	—	5	—
pannonica	Ungarische	—	—	—	15	—
pedunculata	gestielte Sommer-8-10F.	—	—	—	8	—
Robur	Stein- Winter-8-10 F.h.	—	—	—	8	—
=	= 1-2 Fuß h:	5000	—	20	—	—
= aureo bicolor	= gelbgefleckte	—	—	—	15	—
= asplenifolia	= farrenblättrige	—	—	—	15	—
= cochleata	= löffelblättr. 2-3Fh.	70	6	—	5	—
= diversifolia	= verschiedenbl.1-2F.	70	8	—	6	—
= Falkenbergensis	= Falkenberg's 2-3F.	80	8	—	6	—
= fastig.(pyram,)	Pyramid.-vered. 4-6F.h.	140	16	—	10	—
= =	= 2-3 Fuß hoch	500	10	—	—	—
= =	= 1-1½ Fuß hoch	300	6	—	—	—
= = cucullata	= hohlblättrige	—	—	—	8	—

		Vorrath	p. Schock ₰ Sgr	p. Stck. Sgr Pf
QUERCUS	Eiche			
Robur fastig. virid.	Pyram.-hellgrüne 1-3 F.	180	16 —	10 —
" filicifolia . .	farenblättrige	—	— —	15 —
" fol. atropurp.	Blutreiche 1jähr. Verebl.	—	— —	20 —
" " cupreis .	lutferfarbige	—	— —	10 —
" " maculat .	buntgefleckte	—	— —	10 —
" " marginat.	weißgeränderte 1-3 F. h.	100	16 —	10 —
" " pectinata	kaminförmige 1-2 F. h.	90	18 —	15 —
" " variegata	buntblättrige	—	— —	10 —
" Louetti . .	Louetti's	—	— —	10 —
" pulverulenta	weißgefleckte 1-2 Fuß h.	100	16 —	10 —
" var. pendula	Trauer- 7-8 Fuß hoch	—	— —	30 —
rubra	rothe 5-7- Fuß hoch .	560	14 —	8 —
tinctoria . . .	Querzitron-	—	— —	7 6
Tanzin	Spanische 1-2 Fuß hoch	70	18 —	15 —
RHAMNUS	Wegedorn			
Alaternus . . .	immergrüner . . . B.	—	— —	5 —
*catharticus . .	gem. Kreuzdorn 1-2 F. h.	200	2 —	2 —
" " . . .	" " 2 jähriger	2000	— 10	— —
Clusii	Clusius	—	— —	5 —
*Frangula . . .	Faulbaum 3-4 Fuß hoch	600	3 —	2 —
" " . . .	" 1 jähriger . . .	400	— 6	— —
latifolius . . .	breitblättriger . . .	—	— —	6 —
Pallasii	Palla's	—	— —	6 —
pumilus . . .	Zwerg	—	— —	3 —
rupestris . . .	Felsen-	—	— —	3 —
tinctorius . . .	Färber-	—	— —	3 —
RHODODENDRON	ponticum Alpenbalsam	—	— —	5 —
RHUS	Sumach, Gerberstrauch			
Colinus . . .	Perrücken-	—	— —	5 —
" . . .	" 2 jähriger . .	400	1 15	— —
elegans	schöner 1-2 Fuß hoch	130	4 —	4 —
glabrum	glatter 3-5 Fuß hoch	200	4 —	3 —
Toxicodendron (rad)	Gift- 2-3 Fuß hoch	400	2 —	2 —
thyphinum arbor.	Hirschkolben-	—	— —	4 —
RIBES	Johannisbeere			
acerifolium . . .	ahornblättrige 1-2 F. h.	160	2 —	2 —
*alpinum . . .	Alpen- 2-3 Fuß hoch .	500	3 —	2 —
" . . .	" 1 Fuß hoch . .	1000	1 —	— —
" fol. varieg. .	" buntblättrige . .	—	— —	10 —
" humile . . .	" niedrige	—	— —	3 —
" multiflorum	" vielblumige . .	—	— —	3 —

4

		Vorrath	p. Schock		p. Stck.	
			fl.	Sh	Sh	d.
RIBES	**Johannisbeere**					
altaicum	vom Altaigebirge 2-3F.h.	900	2	—	2	—
*aureum	goldgelbe 3-4 Fuß hoch	150	4	—	3	—
Beatonii	Beaton's 2-3 Fuß hoch	500	4	—	3	—
*floridum	Pensylvanische 2-3 F. h.	1000	3	—	2	—
glaciale	Eis-	—	—	—	4	—
glutinosum . . .	klebrige . . . . B.	—	—	—	6	—
heterotrychum .	sammtblättrige 3-4 F.h.	200	4	—	3	—
irriguum	struppige 4-5 Fuß hoch	150	4	—	3	—
*nigrum	schwarze Gichtb. 2-3F.h.	1300	3	—	2	—
≠ aconitifol.	≠ eisenhutbl.1-2F.h.	260	3	—	3	—
≠ fol. varieg.	≠ buntblättrige	—	—	—	3	—
≠ fr. viridi.	≠ grünfrücht.2-3F.h.	300	2	—	2	—
≠ Ogdenii .	≠ Ogbens- 2-3 F.h.	400	3	—	2	—
≠ Victoria .	≠ größte 2-3 F. h.	400	3	—	2	—
*odoratum (fragr.)	wohlriechende 4-5 F. h.	500	4	—	3	—
≠ ≠	≠ 2-3 Fuß hoch. .	400	2	—	—	—
opulifolium . . .	schneeballblättr. 2-3F.h.	80	3	—	3	—
rigens	steife	—	—	—	4	—
*rubrum	rothe 2-3 Fuß hoch .	1500	2	—	1	6
≠ bacc. alba	≠ weißfrücht. 2-3 F.h.	2000	2	—	1	6
≠ ≠ carnea	≠ fleischfarbige1-2F.h.	500	2	—	1	6
≠ cerasiferum	≠ Kirschen- 2-3 F. h.	800	3	—	2	—
≠ ≠	≠ 1 Fuß hoch	700	1	—	—	—
≠ ≠ fr. albo	weiße Kirschen- 1 Fuß h.	600	3	—	2	—
≠ fr striato .	gestreifte	—	—	—	2	—
recurvatum . . .	zurückgebogene 3-4 F.h.	200	3	—	2	—
sanguineum . . .	blutrothe 3-4 Fuß h.	180	8	—	5	—
≠ albidum .	≠ weißblühende . .	—	—	—	6	—
≠ fl. pleno	≠ gefüllte 2-3 F. h.	180	10	—	6	—
saxatile	Stein- 1-2 Fuß hoch .	90	3	—	3	—
spicatum . . .	ährentragende	—	—	—	4	—
splendens	glänzende	—	—	—	6	—
*tenuifolium . .	kleinblättrige 4-5 F. h.	200	4	—	3	—
villosum	weichhaarige	—	—	—	5	—
vitifolium . .	weinblättrige	—	—	—	5	—
RIBES	**Stachelbeere**					
echinatum	stachlige 4-5 Fuß hoch	70	4	—	3	—
gracile	schlanke	—	—	—	4	—
Grossular,(anglica)	siehe 2. Abtheilung					
lacustre	Ufer-	—	—	—	4	—
triflorum	dreiblumige	—	—	—	3	—

		Vorrath	p. Schock		p. Stck.	
			fl	Sℓ	Sℓ	ᴅ
RIBES	Stachelbeere					
uva crispa....	gemeine........	—	—	—	2	—
ROBINIA	Akazie					
hispida.....	borstige, rothblühende.	—	—	—	5	—
=　....	= hochstämm.7-8F.h.	280	14	—	8	—
= inermis.	rothbl. stachellose...	—	—	—	6	—
＝　. ..	= hochst. 7-8 Fuß h.	90	14	—	8	—
inermis.....	Kugelakaz.stachellos.7-8F	400	26	—	15	—
= Bessoniana	= Besson's....	—	—	—	6	—
= Rhederii.	= wurzelächte...	—	—	—	7	6
= rubra...	stachell. rothblühende.	—	—	—	6	—
=　....	= 7-8 F. h.	—	—	—	15	—
†Pseudacacia..	weißblühende 10-12F.h.	450	10	—	6	—
=　....	= 2-3 Fuß hoch..	1600	1			
=　....	= 1 jährige....	4000	—	6		
= amorphael.	= amorphenblättr..	—	—	—	5	—
= coluteoides	= blasenstrauchblättr.	—	—	—	8	—
= Decaisneana	= Defaisne's...	—	—	—	10	—
= echinata.	= sehr bornige..	—	—	—	5	—
= monophylla	= einblättrige....	—	—	—	10	—
= pyramidalis	= pyramiden....	—	—	—	6	—
= speciosa.	= großblumige...	—	—	—	5	—
spectabilis....	ansehnliche......	—	—	—	5	—
= crispa..	= krause......	—	—	—	6	—
tortuosa (pendula)	verdreht wachsende..	—	—	—	5	—
=　....	= hochst. 7-8 F. h.	—	—	—	8	—
stricta......	aufrecht,gedrungenwachs.	—	—	—	5	—
viscosa.....	klebrige,blaßrothbl.3-4F.	90	8	—	5	—
†　....	= hochstämm.7-8F.h.	270	14	—	8	—
= dubia..	= zweifelhafte...	—	—	—	5	—
= fl. albo.	= weißblühende..	—	—	—	5	—
= horrida.	= großdornige...	—	—	—	5	—
ROSA	Rose					
canina......	Feld=.........	—	—	—	2	—
=　....	= 1 jährige....	500	—	8		
centifolia....	große Centifolie...	—	—	—	3	—
gallica.......	Französische (Essigrose)	—	—	—	2	—
majalis.....	Mai= frühe......	—	—	—	2	—
= fl. pleno.	= gefüllte.....	—	—	—	3	—
pimpinellifolia.	pimpinellenblättrige..	—	—	—	2	—
rubiginosa...	rostfarb., wohlriechende	—	—	—	2	—
=　....	= 2 jährige	500	—	12		

		Vorrath	p. Schock ℳ Sℌ	p. Stück Sℌ ℛ
ROSA	Roſe			
rubiginosa ...	roſtfarb.,wohlriech.1jähr	4000	— 8	— —
rubifolia	Prairies.........	—	— —	5 —
s Beauty of the Praeiries		—	— —	5 —
s de la Grifferaie		—	— —	5 —
rubrifolia	rothblättrige	—	— —	4 —
S scandens ...	einf, weiße flett. 3-5ℱ.h.	400	3 —	2 —
s s fl pleno.	gefüllte, fletternde....	—	— —	4 —
semperflorens .	imme blühende	—	— —	4 —
sorbifolia	ebereſchenblättrige...	—	— —	2 —
villosa......	Hagebutte	—	— —	2 —
Remontent ...	mit Namen, hochſt. 3-4ℱ.h.	—	— —	15 —
RUBUS	Brombeere			
S americ (Lawton)	Amerik., großfrüchte .	—	— —	4 —
s bel idifl fl. pleno.	roſa, gefüllte 3-5 ℱ. h.	90	4 —	4 —
s caesius	dunkelbläuliche.....	—	— —	1 —
s fruticosus ...	ſtrauchartige......	—	— —	2 —
s s fl pleno	s gefülltblühende .	—	— —	5 —
s sfol argent.varieg	s buntblättrige . .	—	— —	15 —
s glandulosus. .	drüſige	—	— —	3 —
s Hofmeisterianus	Hofmeiſter'ß	—	— —	5 —
s laciniatus ...	zerſchlißtblättrige...	—	— —	6 —
occidentalis ...	abendländiſche	—	— —	4 —
odoratus.....	wohlriechende 1 ℱuß h.	300	3 —	2 —
spectabilis ...	prächtige	—	— —	5 —
S tilifolius ...	lindenblättrige	—	— —	5 —
RUSCUS	Mäuſedorn			
aculeatus	ſtachlicher.....	—	— —	5 —
Hippoglossum .	Zungen ½ ℱuß hoch	170	4 —	3 —
laxus	ſchlaffer......	—	— —	5 —
racemosus	Trauben.....	—	— —	5 —
RUTA	Raute			
graveolens ...	gemeine.......	—	— —	1 —
s fol. varieg.	s buntblättrige . .	—	— —	1 —
SALIX	Weide			
acuminata fem..	zugeſpitzblättrige ...	—	— —	2 —
alba masc. ...	weiße 2-3 ℱuß hoch	100	2 —	2 —
Amanniana ...	Amanniſche	—	— —	3 —
amygdalina ...	Mandel 5-6 ℱuß hoch	130	3 —	2 —
annularis	ringelblättrige.....	—	— —	7 6
aquatica	Waſſer.......	—	— —	2 —
argentea fem...	Silber........	—	— —	2 —

SALIX	Weide	Vorrath	p. Schock		p. Stück	
			℔	Sgr	Sgr	d
aurea	golbgelbe 2-3 Fuß h.	130	2	—	2	—
aurita masc	geöhrte	—	—	—	2	—
babylonica	BabylonTrauer 7-9F.h.	400	8	—	5	—
=	= 5-6 =	1400	4	—	—	—
bicolor masc	zweifarbige	—	—	—	2	—
candida	glänzendweiße	—	—	—	2	—
caprea	Sohl-	—	—	—	1	—
= pendula	= Trauer 6-7 F. h.	—	—	—	15	—
= tricolor	= dreifarbige	—	—	—	5	—
cineria fem	aschgraue	—	—	—	2	—
conifera	Zapfen-	—	—	—	2	—
cotinifolia	sumachblättrige	—	—	—	2	—
depressa	niedergebeugte	—	—	—	2	—
Doniana	Donische 5-6 Fuß hoch	90	3	—	2	—
daphnoides	kellerhalsartige	—	—	—	2	—
Forbiana fem	Forbianische 5-6 Fuß h.	130	3	—	3	—
formosa	schöne	—	—	—	4	—
fragilis masc	Bruch-	—	—	—	2	—
grandifolia	großblättrige	—	—	—	2	—
grisea	granblättrige	—	—	—	2	—
hastata	spitzblättrige	—	—	—	4	—
Helix masc	Bach-	—	—	—	1	—
fem		—	—	—	2	—
hirsuta	borstige	—	—	—	2	—
hippophaefolia	sanddornblättrige	—	—	—	2	—
holosericea masc	sammtartige	—	—	—	2	—
Hoppeana	Hoppische	—	—	—	2	—
implicata	verhüllte	—	—	—	2	—
Lambertii	Lambert's	—	—	—	3	—
lanceolata	lanzettblättrige	—	—	—	2	—
malifolia	apfelblättrige	—	—	—	2	—
Meyeriana masc	Meyer'sche	—	—	—	2	—
mollissima	weichblättrige	—	—	—	2	—
moniandra	Purpur-	—	—	—	2	—
moschata masc	Moschus-	—	—	—	2	—
Napoleonis	Napoleon's Trauerweide wurzelächt 2-3 F. h.	1000	2	—	2	—
	= 6-8 =	—	—	—	15	—
nigricans	schwärzliche	—	—	—	3	—
= eliptica	= schmalblättrige	—	—	—	2	—
occidentalis	Abendländische	—	—	—	2	—

		Vorrath	P. Sch.
SALIX	**Weide**		
Otites	feinblättrige	—	— —
parietariaefolia .	melvenblättrige	—	— —
pectinata	kammartige	—	— —
petiolaris fem. .	langstieliege	—	— —
pentandra masc	Lorbeer=	—	— —
pommeranica fem	Pommersche	—	— —
pontederana fem.	Pontederische	—	— —
praecox	frühe	—	— —
pruinosa	bereifte	—	— —
purpurea fem. .	kleine, Purpur=	—	— —
Regalis	silberbl., schönste 4-5 F. h.	180	4 —
rosmarinif masc.	Rosmarien= 1-2 Fuß h.	400	4 —
rubra masc . .	rothe 5-6 Fuß hoch .	130	3 —
= fem.	=	—	— —
Russeliana masc.	Gerber=	—	— —
= fem.	=	—	— —
sericea	seidenartige	—	— —
Seringeana . . .	Sering's	—	— —
Smithiana masc.	Smith's 5-6 Fuß hoch	100	3 —
= fem . . .	= 4-5 Fuß hoch . .	100	2 —
stipularis . . .	Hügel- 6-8 Fuß hoch	80	3 —
Treveranii . . .	Treveran's	—	— —
triandra	dreimännige 6-8 Fuß h.	200	3 —
ulmifolia . . .	ulmenblättrige 5-6 F. h.	80	3 —
undulata	wellenförmige	—	— —
vaccinifolia . . .	heidelbeerblättrige . . .	—	— —
viminalis . . .	weiße, Fischer=	—	— —
violacea fem. . .	violette	—	— —
vitellina masc. ,	Gold=	—	— —
Weigeliana masc.	Weigel's	—	— —
= latifolia .	= breitblättrige . .	—	— —
Salix, das vorstehende Sortiment mit Namen		—	4 —
SALVIA	**Salbei**		
officinalis	gemeine	—	— —
SAMBUCUS	**Hollunder**		
canadensis . . .	Canadischer 3-4 Fuß hoch	100	3 —
nigra	gem., schwarzer 2-3 F. h.	100	2 —
= bacca viridi	= grünbeer. 4-5 F. h.	100	4 —
= elegans . .	= schöner	—	— —
= fol argent.	= silbergescheckblätt.		
	⅓ Fuß hoch . .	8	6 —

		Vorrath	P. Schock		p. Stck.	
			℔	Sgr	Sgr	℔
SAMBUCUS	Hollunber					
nigra fol. luteis	gem., gelbblättr. 2-3F.h.	300	4	—	3	—
s laciniata . ,	s geschlistblättriger	—	—	—	4	—
s linearis . .	s schmalblättriger ,	—	—	—	4	—
s monstrosa	s verwachsener . .	—	—	—	5	—
s racemosa .	s roth, Trauben- .	—	—	—	3	—
.	s 1 jähriger . . ,	500	—	12	—	—
SEDUM	Mauerpfeffer					
populifolium . .	pappelblättriger ½F.h.	200	1	—	1	—
SOLANUM	Nachtschatten					
S Dulcamara . .	Bittersüß	—	—	—	1	—
SOPHORA	Sophore					
japonica	Japanische 1-2 Fuß h.	700	4	—	3	—
s pendula .	s Trauer-	—	—	—	1	—
SORBUS	Ebereiche					
americana . . .	Amerikanische	—	—	—	5	—
Aria	Mehlbeerbaum 6-8 F.h.	130	10	—	6	—
s	s 2-3 Fuß hoch . .	120	4	—	—	—
s rotundifol.	s rundblättrige . .	—	—	—	6	—
atrovirens. . . .	dunkelgrüne	—	—	—	5	—
†Aucuparia . . .	gemeine 10-12 Fuß h.	700	14	—	7	6
s asplenifolia	s farrenblättrige .	—	—	—	5	—
s pendula .	s Trauer-	—	—	—	10	—
s saturejaefolia	s bohnenkrautblättr.	—	—	—	5	—
domestica	zahme	—	—	—	6	—
edulis	genießbare	—	—	—	6	—
intermedia . . .	Orel- 7-9 Fuß hoch .	200	14	—	7	6
nepalensis . . .	aus Nepaul	—	—	—	5	—
SPARTIUM	Pfrieme					
Scoparium . . .	gemeine	—	—	—	2	—
s . . .	s 1 jährige	2000	—	6	—	—
SPIRAEA	Spierstaube					
acutifolia	spitzblättrige 1-2 Fuß h.	260	4	—	3	—
adianthoides . .	farrenblättrige	—	—	—	4	—
amurensis. . . .	vom Amur	—	—	—	4	—
amoena	niedliche 2-3 Fuß hoch	270	4	—	4	—
aquilegiaefolia .	akeleyblättrige 3-4 F.h.	180	4	—	4	—
argentea.	silbergraue 2-3 Fuß h.	140	4	—	4	—
bella	schöne, rothbl. 2-3 F.h.	400	4	—	3	—
s	s 1-1½ Fuß hoch	500	2	—	—	—
bethlehemensis .	Bethlehemische	—	—	—	—	—
Billardii	Bastard- 3-4 F.h. schön	500	5	—	4	—

		Vorrath	p. Schock		p. St.	
			ℳ	S₰	S₰	₰
SPIRAEA	**Spierstaude**					
Billardii	Bastard- 1-2 Fuß hoch	1200	2	—	—	—
callosa	schöne 3-4 Fuß hoch .	250	4	—	3	—
„	- 1 jährige . . .	1400	—	10	—	—
- fl. albo ..	- weißblüh. 1 F. h.	300	4	—	3	—
cana (nana)...	blaßgraue ...	—	—	—	3	—
*carpinifolia ..	hainbuchenblättr.3-4F.h.	1100	3	—	2	—
*chamaedryfolia	chamanderblättr.2-3F.h.	1300	3	—	2	—
crataegifolia: .	weißdornblättrige .	—	—	—	4	—
crenata	gefeibtblättr. 2-3 Fuß h.	500	4	—	3	—
cuneifolia	keilblättrige 2-3 Fuß h.	90	4	—	4	—
decumbens ...	niederliegende	—	—	—	5	—
eximia ...	liebliche 2-3 Fuß hoch	400	4	—	3	—
„	- 1-2 -	380	2	—	—	—
expansa	ausgebreitete 3-4 Fuß h.	160	4	—	3	—
flabellata	fächerblättrige .	—	—	—	5	—
*flexuosa ...	hin=u.hergebog.3-4 F. h.	600	3	—	2	—
*hypericifolia ..	hartheublättrige 2-3 -	500	4	—	3	—
incisa	geschlitzblättrige - .	—	—	—	5	—
inflexa	eingebogene.....	—	—	—	3	—
laevigata	glatte	—	—	—	5	—
lancifolia	lanzettblättr. 3-4 Fuß h.	350	3	—	2	—
Lennéana....	Lenne's	—	—	—	6	—
Lindleyana...	Lindley's 3-4 Fuß hoch	90	4	—	4	—
media	mittlere 2-3 Fuß hoch	200	3	—	2	—
Nobleana ..	Bastard- .	—	—	—	6	—
obovata .	Ungarische 3-4 Fuß h.	80	4	—	3	—
*opulifolia .	schneeballblättr.3-4 F.h.	2000	3	—	2	—
„	- 2 Fuß hoch	1200	1	—	—	—
„ lutea	- gelbliche 1-2 F. h.	140	3	—	2	—
„ nana	- Zwerg- 1-2 -	300	2	—	2	—
pachystachys ..	dickährige .	—	—	—	5	—
prunifolia	pflaumenblättr.2-3 F.h.	400	2	—	2	—
„ fl. pleno .	- gefüllte 3-4 Fuß h.	300	8	—	5	—
pubescens ...	behaarte...	—	—	—	6	—
Regeliana .	Regel's 2-3 Fuß hoch	280	4	—	4	—
Reevesii .	Reevesi'd- .	—	—	—	3	—
„ fl. pleno .	- gefüllte 1-2 Fuß h.	170	5	—	4	—
*salicifolia .	weidenbl.weiße3-4 -	1000	3	—	2	—
„ grandiflora	- großblumige -	—	—	—	3	—
„ paniculata	- rispenartige 3-4 F.	120	3	—	2	—
„ rosea	- rothe 3-4 Fuß h.	600	3	—	2	—

		Vorrath	p. Schock ℳ	p. Schock Sℋ	p.Stck. Sℋ	p.Stck. ℳ
SPIRAEA	Spierstaube					
„salicifolia vividus	weidenblättrige, lebhafte	—	—	—	4	—
= undulata	= wellenbl. 3-4 F. h.	160	2	—	2	—
semperflorens. .	Bastard- 2-3 Fuß hoch	70	4	—	3	—
sibirica	Sibirische	—	—	—	4	—
sorbifolia	ebereschenblättr. 2-3F.h.	100	2	—	2	—
= davurica .	= Taurische	—	—	—	4	—
Thunbergii . . .	Thunberg's ½ Fuß h.	130	4	—	3	—
triloba	dreilappige	—	—	—	4	—
tomentosa . . .	filzige	—	—	—	3	—
- = ...	= 1 jährige	800	—	15	—	—
*ulmifolia	ulmenblättrige 3-4 F. h.	500	4	—	3	—
STAPHYLEA	Pimpernuß					
colchica	Colchische	—	—	—	6	—
pinnata	gefiederte 2-3 Fuß h. .	150	8	—	5	—
trifoliata	dreiblättrige 2-3 Fuß h.	160	6	—	5	—
=	= 1 Fuß hoch . . .	350	2	—	-	—
SYMPHORICARPOS	Peterstrauch					
glaucescens . . .	graugrünlicher	—	—	—	4	—
montana	Berg=	—	—	—	4	-
*racemosa . . .	traubiger, Schnee=4-5F.	2000	4	—	3	—
=	= 2-3 Fuß hoch. .	800	2	—	—	—
*vulgaris	gewöhnlicher 2-3 Fuß h.	500	3	—	2	—
= fol. varieg.	= bunter	—	-	—	4	—
SYRINGA	Flieder					
*chinensis	Chinesischer 3-4 Fuß h.	2800	6	—	4	—
= fl. albo . .	= weißblühender . .	—	—	—	8	—
= fl. rubro .	= rothblüh. 2-3 F. h.	250	14	—	7	6
Emodi	Emodi's,weißbl. 5-6F.h.	70	6	—	5	—
= . . , .	= = 2-4 =	400	4	—	—	—
Josikaea (japon.)	Josikä's 4-5 Fuß hoch	260	6	—	4	—
=	= 2-3 = =	2100	4	—	-	—
persica	Persischer, blauer 2 F. h.	700	6	—	4	—
= fl. albo .	= weißer	—	—	—	5	—
= laciniata .	= zerschlitzter . . .	—	—	—	5	—
*vulgaris	Spanischer 3-4 Fuß hoch	500	4	—	2	6
= Charlemagne	= Charlemagn's .	—	—	—	5	—
= Croix deBrahy	= Brahy's	—	—	—	5	—
= Dr. Lindley	= Lindley's	—	—	—	6	—
= Dr. Nobbe	= Nobbe's	—	—	—	6	—
= Eckenholm	= Eckenholm's . .	—	—	—	5	—
= fl. albo . .	= weißer 1-2 F. h.	150	4	—	2	6

5

		Vorrath	p. Schock		p.Stck.	
			ℳ	Sℛ	Sℛ	₰
SYRINGA	Flieder					
vulgaris fl alb.comp.	Span.weißer gedrängtbl.	—	—	—	6	—
= fl. pleno ..	= gefülltblühender	—	—	—	5	—
= = purpur. .	= purpurroth.3-4F.	200	5	—	3	—
= fol. varieg..	= buntblättriger .	—	—	—	4	—
= Gloire de Moulins	= Moulin's....	—	—	—	5	—
= James Booth	= Booth's....	—	—	—	6	—
= Jacksonii..	= Jackson's....	—	—	—	5	—
= Justii....	= Justi's......	—	—	—	4	—
= Liberti...	= Liberti's....	—	—	—	5	—
= marliensis .	= marlyscher ...	—	—	—	6	—
= Moritz Eichler	= Eichler's....	—	—	—	6	—
= nana....	= Zwerg=.....	—	—	—	5	—
= Philemon .	= Philemon's...	—	—	—	5	—
= Prince Camille de Rohan	Rohan's..	—	—	—	5	—
= Professor Stöckhardt	Stöckhardt's..	—	—	—	6	—
= regia....	Span. Königlicher..	—	—	—	5	—
= rothomagensis	= rother 2-3 Fuß h.	500	4	—	3	—
= Saugeana .	= Saugean's...	—	—	—	4	—
= Triomphe d'Orleans	Orlean'scher...	—	—	—	5	—
= Valentiana.	= Valentinischer..	—	—	—	5	—
TAMARIX	Tamariskenstrauch					
africana.....	Afrikanischer 2-3 F. h. B.	150	4	—	3	—
gallica......	Französischer 3-4 F. h.	500	4	—	3	—
germanica...	Deutscher 1-2 Fuß h.	140	4	—	3	—
= taurica..	= taurischer 1-2 F.h.	300	4	—	3	—
indica......	Indischer 2-3 F. h. B.	800	4	—	3	—
parviflora (tetrandra)	frühblühender....	—	—	—	3	—
TAXUS	Eibenbaum					
*baccata	gewöhnl. 3 F. h. buschig	—	—	—	20	—
= fol. aur. var.	= buntblättriger..	—	—	—	5	—
canadensis ...	Canadischer......	—	—	—	4	—
fastigiata (hib.).	Irländisch.Pyramiden=	—	—	—	4	—
stricta......	steifer, 2 jähriger ...	450	3	—	2	—
THUJA	Lebensbaum					
aurea......	goldgelber......	—	—	—	25	—
australis.....	Australischer.....	—	—	—	6	—
*occidentalis ..	Abendländ. 6-8 Fuß h. 2 mal verpflanzt	400	14	—	8	—
=	2 jähriger......	10000	—	10	—	—
= Warreana	= Warren's....	—	—	—	6	—
*orientalis....	Morgenländischer ...	—	—	—	7	6

Name (lat.)	Name (dt.)	Vorrath	P. Schock ℔	S	ℋ	p. Stck S	ℋ	A
THUJA	Lebensbaum							
oriental. compacta	Morgenländ. gedrungen.	—		—	—	4	—	
= pyramidalis	= Pyramiden- ...	—		—	—	10	—	
= =	= = 2jähr. verpfl.	1000		1	—	—	—	
TILIA	Linde							
alba	weiße	—		—	—	6	—	
americana	Amerikanische	—		—	—	5	—	
= pendula .	= hängende 7-8 F. h.	—		—	—	20	—	
aurea	goldgelbe	—		—	—	6	—	
begoniaefolia ..	begonienblättrige ...	—		—	—	6	—	
dasystyla ...	rauhgriffliche	—		—	—	10	—	
floribunda ...	blüthenreiche	—		—	—	6	—	
glabra	glatte	—		—	—	6	—	
grandifolia	großblättrige ...	—		—	—	15	—	
pyramidalis (rubr.)	Pyramiden- 7-8 F. h.	400		25	—	15	—	
†vulgaris (europ.)	gemeine 11-12 Fuß h.	2000		36	—	20	—	
= asplenifolia	= farrenkrautbl...	—		—	—	8	—	
ULEX	Stachelginster							
auropaeus ...	Europäischer	—		—	—	1	—	
= nanus ..	= Zwerg-	—		—	—	4	—	
ULMUS	Ulme, Rüster							
alata	geflügelte	—		—	—	5	—	
†americana ...	Amerikanische 8-10 F. h.	3600		15	—	8	—	
=	= 5-6 Fuß hoch	1200		8	—	—	—	
† = fulva ...	= großbl. 10-11 F. h.	1800		15	—	8	—	
= pendula :	= Träuer- 7-8 =	200		18	—	10	—	
betulinoides ..	birkenartige, feine ...	—		—	—	6	—	
= fol. varieg.	= buntblättrige ...	—		—	—	6	—	
campestris ...	gemeine	—		—	—	2	—	
= fol. varieg.	= buntblättrige ..	—		—	—	6	—	
= pumila ..	= Zwerg-	—		—	—	5	—	
corylifolia	haselnußblättrige ...	—		—	—	6	—	
cucullata	bütenblättrige	—		—	—	6	—	
crispa	krause	—		—	—	6	—	
effusa	langstielige 3-4 Fuß h.	260		4	—	3	—	
exoniensis (pyramid.)	Pyramiden- schön							
=	= 8-10 Fuß hoch	200		18	—	10	—	
= .	= 3-4	700		8	—	—	—	
= Dampierii	Dampier's 2-4 = =	70		8	—	6	—	
flava	gelbliche	—		—	—	5	—	
fungosa	schwammige	—		—	—	5	—	
gingantea	Riesen-	—		—	—	6	—	

		Vorrath	p. Schock		p.Stck.	
			~Pf	Sgr	Sgr	Pf
ULMUS	**Ulme, Rüster**					
major	großblättrige 8-9 F. h.	800	14	—	7	6
microphylla fol. var.	kleinblättrige bunte ..	—	—	—	10	—
montana pend. nova7-8Fh.	Berg=Trauerulme	—	—	—	10	—
monumentalis .	monumentartige	—	—	—	6	—
nigra	schwarze	—	—	—	5	—
rufa	braune	—	—	—	5	—
Sarniensis ...	Sarnische	—	—	—	5	—
scabra	rauhe	—	—	—	5	—
Scamstonii ...	Scamstoni's	—	—	—	5	—
sibirica	Sibirische	—	—	—	5	—
stricta	steife	—	—	—	6	—
= purpurea.	= purpurblättrige .	—	—	—	6	—
suberosa pendula	Kork= hängenbe....	—	—	—	6	—
tilifolia	lindenblättrige ...:	—	—	—	6	—
tortuosa.....	gebrehtwachsenbe ...	—	—	—	6	—
viscosa (involuta)	eingewickeltblättrige ..	—	—	—	6	—
VIBURNUM	**Schneeball**					
dendatum....	gezähntblättriger ...	—	—	—	5	—
edule	eßbarer 2-4 Fuß hoch	80	8	—	5	—
*Lantana	wolliger 2-3 Fuß hoch	400	4	—	3	—
= ...	= 1 jähriger....	360	—	15.	—	—
= fol. margin.	= gelbgeränderter .	—	—	—	5	—
*Lentago	krauser 4-5 Fuß hoch.	270	6	—	5	—
=	= 2-3 Fuß hoch..	400	3	—	—	—
nudum	naktblumiger	—	—	—	5	—
*Opulus.....	gemeiner 3-4 Fuß hoch	200	3	—	2	—
= fl pleno .	= gefüllter 3-5 F. h.	3000	10	—	6	—
= = =	= = 1-2 =	200	4	—	—	—
orientale	Morgenländischer3-5Fh.	80	6	—	4	—
Oxycoccos ...	moosbeerartiger 4-5F.h.	120	8	—	5	—
prunifolium...	pflaumenblättriger ..	—	—	—	4	—
pygmaeum (nanum)	Zwerg= ½ Fuß hoch .	200	3	—	2	—
pyrifolium ...	birnblättriger 4-5 F. h.	156	8	—	5	—
VINCA	**Sinngrün, Immergrün**					
herbacea	feinblättriges	200	1	—	1	—
major	großes	300	2	—	2	—
= fol. alba var.	= buntblättriges..	100	4	—	3	—
= = reticulat.	= netzblättriges ..	300	2	—	2	—
minor......	kleines, blaublühendes	200	1	—	1	—
= fol.arg.marg.	= mit silbergr.Blättern	600	1	—	1	—
= = aur. mac.	= goldgeflecktes	—	—	—	1	—

		Vorrath	p. Schock		p. Std.	
			₰	Sgr	Sgr	₰
VINCA	Sinngrün, Immergrün					
min. fol. aur. marg.	kleines mit goldgr. Blätt.	—	—	—	3	—
= fl. albo ..	= weißblühendes ...	—	—	—	3	—
= = = varieg.	= = buntes ...	—	—	—	3	—
= = purpur.	= purpurblühendes ..	300	1	—	1	—
VIRGILIA	Virgilie					
lutea	gelbe	—	—	—	20	—
VITEX :	Keuschbaum					
incisa	geschlitztblättriger . B.	—	—	—	4	—
VITIS	Weinrebe :					
amurensis	vom Amur	—	—	—	6	—
Isabellina ...	Isabellen=	—	—	—	5	—
Labrusca.....	filzige	—	—	—	4	—
odoratissima ..	wohlriechende	170	4	—	3	—
plamata	handförmige	—	—	—	3	—
tilifolia	lindenblättrige	—	—	—	3	—
vinifera	gewöhnliche (2. Abtheil.)	—	—	—	—	—
vulpina	Fuchs=	—	—	—	4	—
WEIGELIA	Weigelie					
amabilis.....	liebliche	—	—	—	4	
= Desboisi .	= Desboi's	—	—	—	6	
= fl. albo .	= weiße 1-2 Fuß hoch	130	8	—	5	
= fol. varieg.	= buntblättrige ..	—	—	—	5	
= Isoline ..	= Isolin's	—	—	—	6	—
= Stelznerii	= Stelzner's	—	—	—	6	—
= striata ..	= gestreifte 1-2 F. h.	500	6	—	5	—
= van Houttei	= von Houtte's ..	—	—	—	6	—
Groenewegeni .	Grönewegen's	—	—	—	6	—
hortensis rubra .	rothe Garten=	—	—	—	6	—
intermedia ...	mittlere 1-2 Fuß hoch	240	6	—	4	—
rosea	rosenrothe 1-2 Fuß hoch	800	6	—	4	—
= nana fol. varieg.	= Zwerg=buntblättr.	—	—	—	6	—
XANTHOXYLON	Zahnwehholz					
fraxineum	eschenblättriges	—	—	—	6	—
XANTHORRHIZA	Gelbwurzel					
apüfolia	sellerieblättr. 1-2 F. h.	100	3	–	2	—
YUCCA	Adamsnadel					
filamentosa ...	fadige	—	—	—	5	—

Zweite Abtheilung.

Obst-Bäume und Obst-Sträucher.

S. bedeutet Sommer= H Herbst= W. Winterobst.

1) Aepfel=Hochstämme, Vorrath 4260,
7—8 Fuß hoch, das Stück 9 Sgr. und das Schock 16 Thlr.

Borsdorfer, edler W.
    =   Herbst H.
    =   Sommer S.
    =   Zwiebel W.
Calville, rother Herbst H.
    =   weisser Winter W.
Cardinal, blutrother W.
Edelrother W.
Eiserapfel W.
Fenchelapfel S.
Gravensteiner H
Himbeerapfel H.
Jerusalemsapfel W.
Köstlichster W.
Luikenapfel W.
Morgenduftapfel W.
Musapfel, gelber H.
Pepping, weisser W.
    =   deutscher W.
    =   Ribston W.
Pigeon, rother W.
    =   grosser W.
Prinzessinapfel W.

Reinette, Ananas W.
    =   Baumanns W.
    =   canadische W.
    =   Calvillartige W.
    =   d'Orleans W.
    =   Gold W.
    =   Gold-Königs W.
    =   grosse Casseler W.
    =   = graue W.
    =   grüne englische W.
    =   Schäfer W.
    =   Scheiben W.
    =   violette Winter W.
    =   von Damason W.
    =   von Versailles W.
    =   Wellington's W.
Stettiner, rother W.
    =   weisser W.
Tafelapfel, weisser Winter W.
Taffetapfel, weisser W.
Tulpenapfel S.
Weinapfel, Champagner W.

2) Aepfel=Zwergstämme, Vorrath 2000,
auf Paradiesäpfel veredelt zu Pyramiden, Spalier sowie zur Topfobst=Orangerie, das Stück 6 Sgr. und das Schock 10 Thlr.

Augustapfel S	Pepping, Königs W.
Bischofsapfel W.	= London W.
Borsdorfer, Herbst H.	= Ribston W.
= römischer W.	Pigeon, rother W.
= Sommer S.	= = grosser W.
= Winter W.	= weisser W.
Bohnenapfel, grosser W.	Prinzenapfel, grosser W.
Calville, weisse W.	Reinette, Ananas W.
= rother Herbst H	= Baumanns W.
Cardinal, geflammter weisser W.	= Canadische W.
Edelrother W.	= Carmeliter W.
Eiserapfel W.	= Casseler, grosse W.
Gloria mundi W.	= Damason W.
Golden Noble W.	= engl. Spitals W.
Gravensteiner H.	= Königliche W.
Jerusalemsapfel W.	= Muskat W.
Himbeerapfel, gelber H	= Schäfer W.
Kaiser Alexander H.	= Scheiben W.
Köstlichster W.	= Sorgvliet W.
Königin Louisenapfel H.	= Orleans W.
Krumstiel, pommerscher W.	Rosenapfel, Schillers W.
Luikenapfel W.	Rosmarinapfel. weisser W.
Morgenduftapfel W.	Stettiner, rother W.
Parmäne, engl. Königs W.	Taffetapfel, Ebners W.
= = Winter W.	= weisser W.
Pepping, deutscher W.	Taubenapfel, Lucas H.
= Gold W.	Tulpenapfel S.

3) Birnen=Hochstämme.
6—7 Fuß hoch, mit Namen, das Stück 12½ Sgr.

Belissima d'hiver W.	Caraveilbirne H.
Bergamotte d'automne H.	Diamantbirne S.
= Winter W.	Duchesse d'Angoulême H.
Beurré blanc S.	Grumbkower W.
= d'Amanlis H.	Muscateller, doppelte S.
= gris W.	Napoleons-Butterbirne H.
= rouge S.	Saint Germain W.
Bon Chretien d'hiver W.	Volkmarser, graue S.
Calebasse Bosc H.	

4) Birnen-Zwergstämme, Vorrath 2000

auf Quittenstämmchen veredelt zu Pyramiden, Spalier, sowie zur Topf-obst-Orangerie, das Stück 7½ Sgr. und das Schock 12 Thlr.

Alexander H.
Ambrette Winter W.
Aurate S.
Argenson H.
Bergamotte d'automne H.
  = Esperen W.
  ⸗ grosse Sommer S.
  ⸗ Hertrich W.
Beurré d'Amanlis H.
  ⸗ blanc H.
  ⸗ ⸗ Sommer S.
  ⸗ gris W.
  ⸗ long W.
  ⸗ Superfin W.
Bezi de Montigny H.
  ⸗ de Chaumontel W.
Bon Chretien Williams H.
Citronenbirne, grosse Sommer S.
Chaptal W.
Coloma de Printemps W.
Coloma's Herbst-Butterbirne H.
Colmar Aremberg's H.
Colmar Neil H.
Dechantenbirne, Winter W.
Délices de Charneu H.
  ⸗ d'Hardenpont H.
Diamantbirne H.
Doyenné gris H.
Duchesse d'Angouleme H.
Feigenbirne S.
Ferdinand von Oestreich W.
Forellenbirne H.
Gaishirtle, wahre Stuttgarter S.

Glout marceau S.
Grumbkower Winterbirne W.
Jaminette H.
Katzenkopf, grosser französischer
  (Catillac) W.
  ⸗ kleiner W.
Königsgeschenk von Neapel W.
Kopertz'sche fürstliche Tafel-birne W.
Leon Leclerc H.
Louise bonne d'Avranches H.
Luzette de Bavey W.
Magdalene, grüne Sommer S.
Marie Louise H.
Muscateller, doppelte S.
Napoleon's Butterbirne H.
Nec plus Meuris H.
Nouveau Poiteau H.
Passe Colmar W.
Poire d'oré S.
  ⸗ Fortune W.
Regentin W.
Rettigbirne, Leipziger S.
Salisbury H.
Saint Germain W.
Seigneur d'Esperen H.
Soldat laboureur H.
Sommerdorn, punctirter H.
Schweizer Bergamotte H.
Virgouleuse W.
Volkmarser, graue S.
Winterkönigin W.

---

5) Kirschen-Hochstämme, Vorrath 3400,

7—8 Fuß hoch, das Stück 9 Sgr. und das Schock 16 Thlr.

a. Süsse.

Bigarreau, frühe Mai
  ⸗ rothe
  ⸗ weisse

Herzkirsche, weisse, allerfrüheste
  ⸗ weisse, grosse frühe
  ⸗ schwarze

Knorpelkirsche, schwarze
    .   schwarze frühe
Lauermann'skirsche
Maikirsche, allerfrüheste

Ochsenherz, schwarzes grosses
Spiegelkirsche
Türkische, grosse.

b. Saure.

Glaskirsche, doppelte
Maikirsche, frühe
Malvoisier, rothe

Natte, doppelte
Schattenmorelle.

6) Hochſtämmige gewöhnliche Sauer-Kirſchen, Vorrath 580, 6—7 Fuß hoch, das Stück 7½ Sgr. und das Schock 12 Thlr.

7) Kirſchen-Zwergſtämme, Vorrath 1200, zu Pyramiden oder Spalier, auf Prunus Mahaleb veredelt, das Stück 6 Sgr. und das Schock 10 Thlr.

a. Süsse.

Bigarreau, frühe Mai
    .   weisse
Herzkirsche, Bettenburger, schw.
    .   Perl
    .   schwarze
    .   weisse, allerfrüheste
Königskirsche
Knorpelkirsche, schwarze
    .   frühe schwarze

Maikirsche, allerfrüheste
Ochsenherz, schwarzes, grosses
Prinzessinkirsche
Spanische, gelbe
Spiegelkirsche, schwarze
Schwefelkirsche
Türkische, grosse
Werdersche, frühe, bunte

b. Saure.

Amaranthkirsche
Amarelle, bunte
    .   langstielige
Bernsteinkirsche
Brüsseler, braune
Folgerkirsche
Glasherzkirsche
Glaskirsche, doppelte
Gobet, frühe
Herzogenkirsche, späte
Hildesheimer, späte, bunte
Jerusalemkirsche
Kentische
La belle choise
Leopoldskirsche

Lothkirsche, spanische
Louis Philipp
Maikirsche, frühe
Malvoisier, rothe
    .   schwarze
Morrette, grosse
Natte, frühe
    .   späte
Nonnenkirsche, grosse
Orange, weisse
Ostheimer Weichsel
Schattenmorelle
Weichselkirsche, Bettenburger
    .   süsse, frühe

8) Pflaumen=Hochstämme, Vorrath 600,
6—7 Fuß hoch, Zwetschen, gewöhnliche, das Stück 7½ Sgr. und das Schock 12 Thlr.

---

9) Pflaumen=Hochstämme, veredelte, das Stück 9 Sgr., das Schock 16 Thlr.

Aprikosenpflaume, gelbe	Eierpflaume, rothe
= rothe	Mirabelle, doppelte
Catharinenpflaume, blaue	Reineclaude grüne
Eierpflaume, blaue	= violette
= gelbe	

---

10) Pflaumen=Zwergstämme,
zu Pyramiden oder Spalier, das Stück 6 Sgr., das Schock 10 Thlr.

Apricosenpflaume, gelbe	Kirschpflaume
= rothe	Mirabelle, einfache
Catharinenpflaume, gr. blaue	= doppelte
Eierpflaume, blaue	Reineclaude de Bavay
= gelbe	= grüne
= rothe	= violette
Italienische Zwetsche	

---

11) Aprikosen=Hochstämme,
das Stück 15 Sgr.

Abricot de Breda	Abricot, fr. englische
= de Nancy	= grosse Magdeburger.

---

12) Aprikosen=Zwergstämme,
zu Spalier, das Stück 10 Sgr.

Abricot de Breda	Abricot, fr. englische
= de Nancy	= grosse Magdeburger.

---

13) Pfirsichen=Zwergstämme,
zu Spalier, das Stück 15 Sgr.

Admirable	Malvoisier
Madeleine, blanc	Pourpre, hâtive
= rouge	Zwollische, früheste.

---

14) Haselnüsse.

Amerikanische . . . . das Stück — ℔ 5 Sgr
Gemeine . . . . das Stück — ⸗ 3 ⸗
                           das Schock 5 ⸗ — ⸗
⸗   großfrüchtige . . . . das Stück — ⸗ 4 ⸗
Lambertsnuß . . . . das Stück — ⸗ 4 ⸗
                           das Schock 6 ⸗ — ⸗
⸗   mit rothem Kern . . . . das Stück — ⸗ 4 ⸗
                           das Schock 6 ⸗ — ⸗
Zellernuß, Barzellonische . . . . . . das Stück — ⸗ 5 ⸗
⸗   frühe, lange, buschige . . . . . das Stück — ⸗ 5 ⸗
⸗   Hallische Riesen⸗ . . . . das Stück — ⸗ 5 ⸗
⸗   Holländische Riesen⸗ . . . . . . das Stück — ⸗ 5 ⸗
⸗   Italienische Riesen⸗ . . . . . . das Stück — ⸗ 6 ⸗
⸗   Merveille de Bollwiller . . . . das Stück — ⸗ 8 ⸗
⸗   rothkernige . . . . das Stück — ⸗ 5 ⸗

15) Wallnüsse.

Juglans regia 7—8 Fuß hoch . . . . . . das Stück — ℔ 9 Sgr

16) Himbeeren.

Aus Chili mit großen, rothen Früchten . . das Schock 1 ℔ — Sgr
                           das Stück — ⸗ 1 ⸗
⸗   ⸗   mit weißen Früchten . . . . das Stück — ⸗ 2 ⸗
Belle de Fontanay . . . . das Schock 1 ⸗ 15 ⸗
                           das Stück — ⸗ 1 ⸗
Belle d'Orleans . . . . das Schock 1 ⸗ — ⸗
                           das Stück — ⸗ 1 ⸗
Fastolff, tragbarste, beste und größte . . . das Stück — ⸗ 2 ⸗
Magnum bonum . . . . das Schock 1 ⸗ — ⸗
                           das Stück — ⸗ 1 ⸗
Masson's Traube . . . . das Stück — ⸗ 2 ⸗
Merveille des quatre soison, roth . . . . das Stück — ⸗ 2 ⸗
⸗   ⸗   ⸗   gelb . . . . das Stück — ⸗ 2 ⸗
⸗   de Rivers . . . . das Schock 1 ⸗ — ⸗
                           das Stück — ⸗ 1 ⸗
Queen Victoria . . . . das Schock 2 ⸗ — ⸗
                           das Stück — ⸗ 2 ⸗
Turban . . . . das Stück — ⸗ 2 ⸗
Zweimaltragende, gelbe . . . . das Stück — ⸗ 2 ⸗

17) Johannisbeeren.

Mit rothen Früchten, gewöhnliche	das Schock	2	₰ —	Sgr
	das Stück	—	₰	1½ ₰
Gonduin, rothe	das Stück	—	₰	3 ₰
Holländische, rothe	das Stück	—	₰	3 ₰
Imperial rouge . . . . : .	das Stück	—	₰	3 ₰
Kirschen=Johannisbeere mit rother Frucht .	das Schock	3	₰	— ₰
	das Stück	—	₰	2 ₰
Prince Albert, ausgezeichnete große und tragbarste, rothe	das Schock	3	₰	— ₰
	das Stück	—	₰	2 ₰
Versaillaise	das Stück	—	₰	3 ₰
Mit fleischfarbigen Früchten	das Schock	2	₰	— ₰
	das Stück	—	₰	1½ ₰
Mit weißen Früchten, gewöhnliche	das Schock	2	₰	— ₰
	das Stück	—	₰	1½ ₰
Holländische, weiße	das Stück	—	₰	3 ₰
Imperial blanche	das Stück	—	₰	3 ₰
Kirschjohannisbeere, weiße	das Schock	3	₰	— ₰
	das Stück	—	₰	2 ₰
Prince Albert, weiße	das Stück	—	₰	5 ₰
Mit schwarzen Früchten	das Schock	3	₰	— ₰
	das Stück	—	₰	2 ₰
Victoria, schwarze	das Schock	3	₰	— ₰
	das Stück	—	₰	2 ₰
Schwarze mit grünlich weißer Frucht . .	das Schock	1	₰	10 ₰
	das Stück	—	₰	1 ₰

18) Stachelbeeren.

Englische, großfrüchtige mit Namen, mit rother, grüner, gelber und weißer Frucht, in 60 Sorten	das Schock	3	₰ —	Sgr
	das Stück	—	₰	2 ₰
Englische, großfrüchtige ohne Namen . . .	das Schock	2	₰	— ₰
	das Stück	—	₰	1½ ₰

19) Weinreben.

Gut bewurzelte Reben, in frühen, für unser Klima sich eignenden Sorten, das Stück 3 Sgr., das Schock 4 Thlr., als:

August, früher blauer	Frankenthaler, blauer
Cap-Wein	Gutedel, rother
Diamant, grüner	₰ weisser

Leipziger, früher
Malvoisier, rother
Muscateller, violetter

Schönfeiler
Würzburger.

20) Erdbeeren.

Die besten und tragbarsten Sorten, das Schock 10 Sgr.

Ananas, Comte de Paris
     * Duc de Malakoff
     * Eliza
     * Elton Pine
     * Goliath
     * Marguerite
     * Queen Seedling

Ananas Queen Victoria
     * Wizard of de Nord
     * weisse, gewöhnliche
Bienenstock, (Scharlach-)
Hamburger, (Vierländer-)
Monats- (Immertragende-)

21) Spargelpflanzen.

Zweijährige, gewöhnliche . . . . das Schock 8 Sgr
Zweijährige, große Riesen . . . . das Schock 10 *

Dritte Abtheilung.

Perennirende oder Staudengewächse
für's
freie Land.

* bedeutet zu Einfassungen passend. B. bedeutet im Winter Bedeckung.

			p. Dtzd. $\mathcal{H}$	Sgr	p. Stck. Sgr $\mathcal{A}$	
ACANTHUS	Bärenklau					
latifolius	breitblättriger	B.	—	—	6	—
mollis	weichblättriger	B.	—	—	3	—
spinosus	stachlicher	B.	1	—	3	—
ACHILLEA	Schafgarbe					
Millefolium fl. rubro	gemeine, rothblühende....		—	10	1	—
Ptarmica fl. pleno	weißgefüllte		—	20	2	—
ACONITUM	Eisenhut					
napellus	wahrer		—	10	1	—
= . fl. albo ...	= weißblühender		—	15	2	—
ADENOPHORA	Glockenblume					
Gmelini	Gmelin's		—	10	1	—
Lamarkii	Lamark's		—	—	2	—
latifolia	breitblättrige		—	10	1	
ADONIS	Adonisröschen					
*vernalis	Frühling's=		—	10	1	—
AGROSTEMMA	Sammtnelke					
coronaria......	rothe		—	4	—	6
ALLIUM	Lauch					
azureum	azurblaues		—	10	1	—
Molly	gelbblüthiges		—	4	—	6
roseum	rosenrothes		—	4	—	6
ALYSSUM	Steinkraut					
saxatile compactum	gedrängtwachsendes		—	—	2	—

			p. Dtb.		p. Stck.	
			₰	Sgr.	Sgr	₰
AMARYLLIS	Amaryllis					
formosissima	schönste, blühbar		2	--	2	6
lutea	gelbe		—	—	4	—
AMSONIA	Amosonie					
salicifolia	weidenblättrige		—	—	2	—
ANCHUSA	Ochsenzunge					
officinalis	gemeine		—	—	1	—
ANEMONE	Windblume					
*hepatica (Hepatica triloba) Leberkraut			—	4	—	6
, fl. rubro pl.,	' rothgefüllte .		1	—	3	—
japonica	Japanische		—	10	.1	—
multifida	vielspaltige		—	—	2	—
ANTIRRHINUM	Löwenmaul					
majus var.	grosses		—	4	—	6
APIOS	Erdbirne					
tuberosa	knollige		—	—	2	—
APOCYNUM	Fliegenfalle					
androsaemifolium .	johanniskrautblättrige....		—	—	2	—
venetum	Italische.		—	—	2	—
AQUILEGIA .	Ackelei					
arctica	nördliche		—	20	2	—
bicolor	zweifarbige		—	10	1	—
vulgaris variet...	gem. in verschiedenen Farben		—	5	—	6
ARALIA	Aralie					
racemosa......	traubige		1	15	5	—
ARMERIA	Grasnelke					
pinifolia	tannenblättrige		—	20	2	—
ARUNDO	Rohr					
Donax	Spannisches.		—	—	6	—
ASCLEPIAS	Schwalbenwurz					
princeps	prächtige		—	20	2	—
Rodigasii	Rodiga's		—	10	1	—
ASPHODELUS	Affodill					
lutus	gelber		—	20	2	—
ASTER	Sternblume					
*alpinus	Alpen=		—	20	2	—
elegans	schöner		—	—	2	—
grandiflorus	grossblumiger		—	—	2	—
ASTILBE	Astilbe					
decandra......	zehnfabige.		—	—	4	—
rivularis	Bach=.		—	20	2	—

		p. Dtzd.		p. Stck.	
		ℳ	Sgr	Sgr	d
ASPIDIUM	Wurmfarrn				
bulbiferum.....	zwiebeltragender......	—	4	-	6
Filix-masc.....	männlicher.........	—	10	1	—
AUBRIETIA	Aubrietie				
deltoidea......	deltaförmige........	—	20	2	—
BALLOTA	Ballote				
nigra fol. varieg..	schwarze, buntblättrige...	—	—	2	—
BAPTISIA	Baptisie				
australis......,	Australische..........	—	20	2	—
exaltata......:	Amerikanische........::	—	20	2	—
BELLIS	Tausendschönchen				
*perennis fl. pl..	gefülltes in verschiedenen Farben	—	3	-	6
BOCCONIA	Bocconie				
japonica......	Japanische..........	1	10	4	—
CALISTEGIA	Calistegia, Winde				
davurica.....	Taurische..........	—	8	—	6
pubescens fl. pl..	gefülltblühende.......	—	20	2	—
CALTHA	Kuhblume				
palustris fl. pleno.	gefülltblühende......	—	—	3	—
CAMPANULA	Glockenblume				
alliariaefolia....	knoblauchblättrige......	—	10	1	—
carpathica.....	Carpathische........	—	10	1	—
eriocarpa......	wollfrüchtige........	—	10	1	—
grandiflora (Plactycodon)	großblumige........	—	20	2	—
= fl. albo =	weißblühende........	—	—	3	—
latifolia.......	breitblättrige........	—	20	2	—
nobilis fl. albo..	prächtige, weiße.......	—	10	1	—
"pulla........:	Rasen=........	—	5	—	6
pyramidalis.....	Pyramiden=........	—	—	3	—
*speciosa.....	schöne........	—	5	—	6
CASSIA	Senne				
marylandica....	Maryländische.......	—	—	3	—
CENTAUREA	Flockenblume				
depressa......	ausgebreitete.......	—	20	2	—
CERASTIUM	Hornkraut				
*tomentosum....	filziges..........	—	10	1	—
COLCHICUM	Herbstzeitlose				
autumnale fl. pl..	gefüllte.......	—	20	2	—
COMMELINA	Commeline				
coelestris......	himmelblaue........	—	10	1	—
CONVALLARIA	Maiblume				
majalis.......	gemeine........	—	4	—	6

		p. Dtb.		p.Stk.	
		℔ Sgr		Sgr ℔	
CONVALLARIA	Maiblume				
majalis, grandifolia	gemeine, großblättrige ...	—	10	1	—
polygonatum....	Weißwurz	—	10	1	—
COREOPSIS	Schönauge				
auriculata......	geöhrtes	—	10	1	—
palmata......	handförmiges	—	10	1	—
CORYDALIS	Hohlwurz				
Hallerii.......	Haller's	—	4	—	6
CORONILLA	Kronwicke				
varia.......	bunte	—	10	1	—
CRUCIANELLA	Kreuzblatt				
*stylosa	zierliches	—	10	1	—
CYCLAMEN	Alpenveilchen				
europaeum.....	Europäisches	—	—	2	—
DELPHINIUM	Rittersporn				
exaltatum	Amerikanischer........	—	10	1	—
formosum	schönster	—	10	1	—
grandiflorum....	großblumiger	—	10	1	—
Pinguati......	hellblauer..........	—	10	1	—
DIANTHUS	Nelke				
atrococcineus ...	dunkelscharlach	—	10	1	—
*plumarius fl. pleno	Feder-	—	10	1	—
*　＝　＝　＝	schottische, gefüllte	—	10	1	—
DICLYTRA	Diclytra				
spectabilis	prächtige	—	20	2	—
DICTAMNUS	Diptam				
ruber........	rother	—	—	2	—
DODECATHEON	Götterblume				
Meadia*.......	Virginische	—	—	3	—
DONORICUM	Gemswurz				
cordifolium	herzblättrige	—	10	1	—
DUCHESNEA	Duchesnea				
fragiformis	erdbeerfrüchtige	—	3	—	6
EPILOBIUM	Weidenröschen				
angustifolium ...	schmalblättriges	—	10	1	—
EPIMEDIUM	Sockenblume				
alpinum	Alpen-	—	15	2	—
grandiflorum....	großblumige	—	15	2	—
pinnatum......	fiederblättrige ...... ： ：	—	15	2	—
rubrum.......	rothe	—	—	4	—
EUPATORIUM	Hirschkraut				
Fraserii	Fraser's...... ...	—	10	1	—

7

			p. Dtzd. ♔ Sℋ		p. Stck. Sℊ ℛ	
EUPATORIUM	Hirschkraut					
purpureum	purpurrothes		1	--	3	—
FARFUGIUM	Farfugium					
grande	buntes	B	1	—	3	—
FUNKIA alba	Funkie, weiße		—	—	3	—
coerulea	blaue		—	10	1	—
grandiflora	großblumige		—	—	5	—
Sieboldii	Siebold's		—	—	3	—
*undulata	wellenblättrige		—	10	1	—
# = fol. varieg.	= bunte		—	20	2	—
GALANTHUS	Schneeglöckchen					
*nivalis	gemeines		—	2	-	6
= fl. pleno	= gefülltes		—	—	1	—
GALEGA	Geisraute					
orientalis	Morgenländische		—	—	2	—
GENTIANA	Enzian					
acaulis	stiellofer		1	—	3	—
GERANIUM	Storchschnabel					
pratense fl. pleno	Wiesen-, gefüllter		—	10	1	—
GEUM	Nelkenwurz					
coccineum	scharlachrothe		—	20	2	—
GNAPHALIUM	Ruhrkraut					
margaritaceum	perlartiges		—	3	-	6
GRINDELIA	Grindelie					
squarrosa	sperrige		—	10	1	—
GUNNERA scabra	Gunnera, rauhe	B.	—	—	6	—
GYPSOPHILLA	Gipskraut					
paniculata	riepenblüthiges		—	10	1	—
HEDYSARUM	Hahnenkopf					
sibiricum	Sibirischer		—	10	1	—
HELIANTHUS	Sonnenblume					
salicifolius	weidenblättrige		—	20	2	—
multiflorus fl. pl.	vielblumige, gefülltblühende		—	—	2	—
HELLEBORUS	Christwurz					
foetidus	schöne		—	—	5	—
hyemalis	Winter-		—	—	2	—
niger	schwarze		—	20	2	—
HEMEROCALLIS	Taglilie					
flava	gelbe		—	10	1	—
fulva	braunrothe		—	10	1	--
= fol. varieg.	= bunte		—	—	3	—
graminea	grasblättrige		—	10	1	—

		p. Dbb.		p. Eld.	
		℔	Sgr	Sgr	₰
HERACLEUM	Heilkraut				
giganteum	Riesen-	—	20	2	—
HIERACIUM	Habichtskraut				
*aurantiacum	pommeranzenfarbiges	—	2	—	6
IBERIS	Bauernsenf				
sempervirens	immergrüner	—	20	2	—
Tenoriana	Tenor's	—	—	2	—
IRIS	Schwertel				
germanica	Deutscher, in 8 schönen Sorten mit Namen	—	20	2	—
graminea	grasblättriger	—	3	—	6
*pumila	niedriger	—	1	—	6
ϝ fl. purpurea	ϝ purpurrother	—	—	—	6
LATHYRUS	Wicke				
grandiflorus	großblumige	—	—	3	—
perennis	rothe	—	20	2	—
LEUCOJUM	Knotenblume				
vernum	Frühlings-	—	5	—	6
LILIUM	Lilie				
bulbiferum	Feuer-	—	10	1	—
candidum	weiße	—	—	2	—
longiflorum	langblumige	—	—	4	—
Martagon	echter Türkenbund	—	10	1	—
LINARIA	Frauenflachs				
Cymbalaria	eckiger	—	4	—	6
LINDELOFIA	Lindelofie				
spectabilis	prächtige	—	—	3	—
LINUM	Flachs				
Lewisii	Lewis'sches-	—	—	2	—
LOBELIA	Lobelie				
fulgens	glänzende B.	—	—	3	—
syphilitica	blaue	—	—	2	—
LUPINUS	Feigbohne				
Douglasii	Dougla's	—	10	1	—
macrophyllus	großblättrige	—	10	1	—
ϝ praecox	frühblühende	—	—	3	—
polyphyllus	vielblättrige	—	10	1	—
LYCHNIS alpina	Lychnis, Alpen-	—	—	1	—
chalcedonica	scharlachrothes	—	8	1	—
fulgens	glänzendes	—	—	1	—
Haageana	Haagen's	—	10	1	—
Preissii	Preiße's	—	10	1	—

		p. Dtb.		p. Std.	
		ℳ	Sgr	Sgr	₰
LYCHNIS	Lychnis				
viscaria fl. pleno	Pechnelle	—	10	1	—
s splendens	s glänzende	—	10	1	—
LYSIMACHIA	Lysimachia				
verticillata	quirlblättrige	—	10	1	—
LYTHRUM	Weiderich				
roseum superbum	schönrother	—	10	1	—
MATRICARIA	Mutterkraut				
eximia	liebliches	—	—	1	—
Parthenium fl. pl.	gefülltes	—	20	2	—
MONARDA	Monarde				
didyma	scharlachrothe	—	10	1	—
fistulosa fl. roseo	rosenrothe	—	10	1	—
MUSCARI	Traubenhyacinthe				
botryoides	blaue	—	5	-	6
moschatum	Muskat=	—	10	1	—
MYOSOTIS	Bergißmeinnicht				
*alpestris	schönstes	—	5	-	6
OENOTHERA	Nachtkerze				
fruticosa	strauchartige	—	10	1	—
spectabilis	prächtige	—	10	1	—
OMPHALODES	Männertreue				
verna	Frühlings=	—	4	-	6
OXALIS	Sauerklee				
*esculenta	eßbarer, 100 Stück 4 Sgr. B.	—	½	—	—
lasyandra	schönrother	—	4	—	6
PAEONIA	Bauernrose				
carnea fl. pleno	fleischfarbige, gefüllte	—	—	5	—
compacta	gefüllte, rosa	1	—	4	—
fragrans	wohlriechende	1	—	4	—
laciniata	zerschlitzte	1	—	4	—
officinalis fl. pleno	rothe gefüllte	—	—	2	—
s fl. albo pl.	weißgefüllte	1	—	4	—
s hybrida	Bastard=	—	—	4	—
tenuifolia fl. pleno	schmalblättrige, gefüllte	1	—	4	—
PAPAVER	Mohn				
bracteatum	ausgebreiteter	—	—	2	—
orientale	orientalischer	—	-	2	—
PENSTEMON	Bartfaden				
procerus	blauer	—	10	1	—
PHALARIS	Glanzgras				
arundinacea fol. var.	buntes	—	4	—	6

		p. Dtzd.		p.Stck.	
		ℳ	Sgr	Sgr	ℳ ℳ
PHLOMIS	Phlomis				
Russeliana	Russel's	—	10	1	—
PHLOX	Flamenblume				
decussata	in 30 verschiedenen schönen				
	Sorten mit Namen . . .	—	20	2	—
setacea	borstenblüthige	—	10	1	—
stolonifera	kriechende, schöne	—	10	1	—
PHYGELIUS	Phiegelic				
capensis	Capische	—	15	2	—
PHYSALIS	Schlutte				
Alkekengi	gemeine	—	5	—	6
PLUMBAGO	Bleiwurz				
Larpentae	niedliche	—	10	1	—
PODOPHYLLUM	Entenfuß				
peltatum	schildblättriger	—	20	2	—
POLEMONIUM	Sperrkraut				
coeruleum fol.varieg.	himmelblaues, buntblättriges	—	—	5	—
POLYANTHUS	Tuberose				
tuberosus fl. pleno	wohlriechende, gefüllte. . . .	—	10	1	—
POLYGONUM	Knöterich				
divaricatum	sperriger	—	20	2	—
POTENTILLA	Fingerkraut				
formosa	schönes	—	10	1	—
hybrida	Bastard-	—	10	1	—
PRIMULA	Primel				
acaulis lutea pl. . .	stengellose, gelbe, gefüllte . .	—	—	6	—
*Auricula.	Aurikel in verschiedenen Farben,				
	100 Stück 2 Thlr. . . .	—	10	1	—
cortusioides	cortusenblättrige	—	10	1	—
*elatior	Garten-Primel in verschiedenen				
	Farben	—	5	—	6
PYRETRUM	Bertramwurz				
carneum	fleischfarbige	—	10	1	—
, Delhayi		—	—	1	—
, Duchesse de Brabant.		—	—	1	—
, Thimesterii		—	—	1	—
roseum	rosenrothe.	—	5	—	6
RANUNCULUS	Ranunkel				
repens fl. pleno. .	kriechende, gefüllte	—	4	—	6
RHEUM	Rharbarber				
compactum	gedrängter	—	—	4	—
Emodii.	Australischer	1	—	4	—

		p. Dtzb.		p. Stck.	
		ℳ	Sgr	Sgr	₰
RHEUM	Rharbarber				
Prince Albert . . .	Prinz Albert	—	—	2	—
Queen Victoria . .	Königin Victoria	—	—	2	—
RUDBECKIA	Rubbedic				
elegans	schöne	—	10	1	—
fulgens	glänzende	—	10	1	—
purpurea	purpurrothe	—	—	5	—
SALVIA	Salbei				
argentea	silberfarbige	1	—	3	—
SAMBUCUS	Attich				
Ebulus	gemeiner	—	—	2	—
SAPONARIA	Seifenkraut				
officinalis fl pl. . .	gemeines, gefülltes	—	2	—	6
SAXIFRAGA	Steinbrech				
cordifolia	herzblättriger	—	10	1	—
crassifolia	dickblättriger	—	20	2	—
umbrosa	schattenliebender	—	4	—	6
SCABIOSA	Scabiose				
caucasica	v. Kaukasus	—	—	2	—
SCILLA	Meerzwiebel				
sibirica (coerulea) .	Sibirische	—	10	1	—
SEDUM	Mauerpfeffer				
carneum fol. varieg.	bunter	—	—	1	—
Fabaria fl. rubr. .	schönrother	—	—	3	—
*Kamschaticum . .	aus Kamschatka	—	10	1	—
*rupestre	Felsen=	—	2	—	6
Sieboldii	Siebold's . . . . , B.	—	—	2	—
SILENE	Silene				
Schafta	niedliche	—	—	2	—
SISYRINCHIUM	Schweinerüssel				
*anceps	flügelstenglicher	—	2	—	6
SOLIDAGO	Goldruthe				
altissima	höchste	—	2	—	6
SPERGULA	Spergel				
*pilifera	rasenartiger	—	10	1	—
SPIRAEA	Spierstaude				
filipendula	knollige	—	4	—	6
= fl. pleno . .	= gefüllte	—	—	2	—
Kamschatica	aus Kamschatka	—	10	1	—
japonica	Japanische	—	10	1	—
ulmaria fl. pl. . . .	gefülltblühende	—	10	1	—

		p. Dtb.		p. Std	
		ℳ	Sℋ	Sℋ	A
SPIRAEA	Spierstaube				
venusta	rosenrothe, schöne	—	—	3	—
STATICE	Statice, (Grasnelfe)				
elata	liebliche	1	—	3	—
Besseriana	Besser's	1	—	3	—
Gmelini	Gmelin's	—	—	4	—
latifolia	breitblättriger ... 3.	1	—	3	—
scoparia	besenartige	1	—	3	—
STENACTIS	Stenactis				
speciosa	schönes	—	2	—	6
STEVIA	Stevie				
purpurea	purpurrothe	—	15	2	—
TELLIMA	Tellima				
grandiflora	großblumige	—	10	1	—
THALICTRUM	Wiesenraute				
aquilegifolium	gelbe	—	—	2	—
= fl. purpur.	purpurblüthige	1	—	3	—
TRIFOLIUM	Klee				
*repens fol. nigris	Trauer-	—	10	1	—
TRILLIUM	Dreiblatt				
grandiflorum	großblumiges, weißes	—	—	10	—
TROLLIUS	Kugelranunkel				
americanus	Amerikanische	—	—	3	—
amoenus	angenehme	—	20	2	—
elegans	schöne	—	20	2	—
europaeus	Europäische	—	15	2	—
grandiflorus	großblumige	—	—	4	—
TUNICA	Steinnelke				
Saxifraga	steinbrechartige	—	—	2	—
TUSSILAGO	Huflattich				
fragrans	wohlriechender ... B.	—	10	1	—
VERATRUM	Nieswurz				
album	weiße	—	—	5	—
nigrum	schwarze	—	—	5	—
VERBASCUM	Königskerze				
phoeniceum	violette	—	—	1	—
VIOLA	Veilchen				
*odorata fl. pl.	wohlriechendes, gefülltes	—	10	1	—
* * fl. rubro pl.	* rothes, gefülltes	—	10	1	—
* russica perfecta	* Russisch., großblumig.	—	—	2	—
*semperflorens	* Monats- gefülltes	—	10	1	—

Bo vorstehenden Stauden, nach unserer Wahl,
   100 Stück verschiedene mit Namen . . . . .   4 Thlr. — Sgr.
desgleichen 50 Stück verschiedene mit Na=
   men . . . . 2 „ 10 „
desgleichen 25 Stück verschiedene mit Na=
   men . . . . 1 „ 10 „

www.ingramcontent.com/pod-product-compliance
Lightning Source LLC
Chambersburg PA
CBHW021540270326
41930CB00008B/1316